DERRIDA

COLEÇÃO
FIGURAS DO SABER
dirigida por
Richard Zrehen

Títulos publicados

1. *Kierkegaard*, de Charles Le Blanc
2. *Nietzsche*, de Richard Beardsworth
3. *Deleuze*, de Alberto Gualandi
4. *Maimônides*, de Gérard Haddad
5. *Espinosa*, de André Scala
6. *Foucault*, de Pierre Billouet
7. *Darwin*, de Charles Lenay
8. *Wittgenstein*, de François Schmitz
9. *Kant*, de Denis Thouard
10. *Locke*, de Alexis Tadié
11. *D'Alembert*, de Michel Paty
12. *Hegel*, de Benoît Timmermans
13. *Lacan*, de Alain Vanier
14. *Flávio Josefo*, de Denis Lamour
15. *Averróis*, de Ali Benmakhlouf
16. *Husserl*, de Jean-Michel Salanskis
17. *Os estóicos I*, de Frédérique Ildefonse
18. *Freud*, Patrick Landman
19. *Lyotard*, Alberto Gualandi
20. *Pascal*, Francesco Paolo Adorno
21. *Comte*, Laurent Fédi
22. *Einstein*, Michel Paty
23. *Saussure*, Claudine Normand
24. *Lévinas*, François-David Sebbah
25. *Cantor*, Jean-Pierre Belna
26. *Heidegger*, Jean-Michel Salanskis

DERRIDA
JEAN-MICHEL SALANSKIS

Tradução
Carlos Dubois

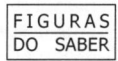

Título original francês: *Derrida*
© Societé d'Édition Les Belles Lettres, 2010
© Editora Estação Liberdade, 2015, para esta tradução

Preparação de texto e revisão Tulio Kawata
Projeto gráfico Edilberto F. Verza
Composição Nobuca Rachi
Capa Natanael Longo de Oliveira
Assistência editorial Fábio Fujita
Editores Angel Bojadsen e Edilberto F. Verza

Dados Internacionais de Catalogação na Publicação (CIP)
(Câmara Brasileira do Livro, SP, Brasil)

Salanskis, Jean-Michel
Derrida / Jean-Michel Salanskis ; tradução Carlos Dubois. -- São Paulo : Estação Liberdade, 2015. -- (Coleção figuras do saber / dirigida por Richard Zrehen)

Título original: *Derrida*.
Bibliografia.
ISBN 978-85-7448-260-6

1. Derrida, Jacques, 1930-2004 - Crítica e interpretação I. Zrehen, Richard. II. Título. III. Série.

15-10283 CDD-194

Índices para catálogo sistemático:
1. Filosofia francesa 194

Todos os direitos reservados à Editora Estação Liberdade. Nenhuma parte da obra pode ser reproduzida, adaptada, multiplicada ou divulgada de nenhuma forma (em particular por meios de reprografia ou processos digitais) sem autorização expressa da editora, e em virtude da legislação em vigor.

Esta publicação segue as normas do Acordo Ortográfico da Língua Portuguesa, Decreto nº 6.583, de 29 de setembro de 2008.

Editora Estação Liberdade Ltda.
Rua Dona Elisa, 116 | 01155-030 | São Paulo-SP
Tel.: (11) 3660 3180 | Fax: (11) 3825 4239
www.estacaoliberdade.com.br

Para Malgosia

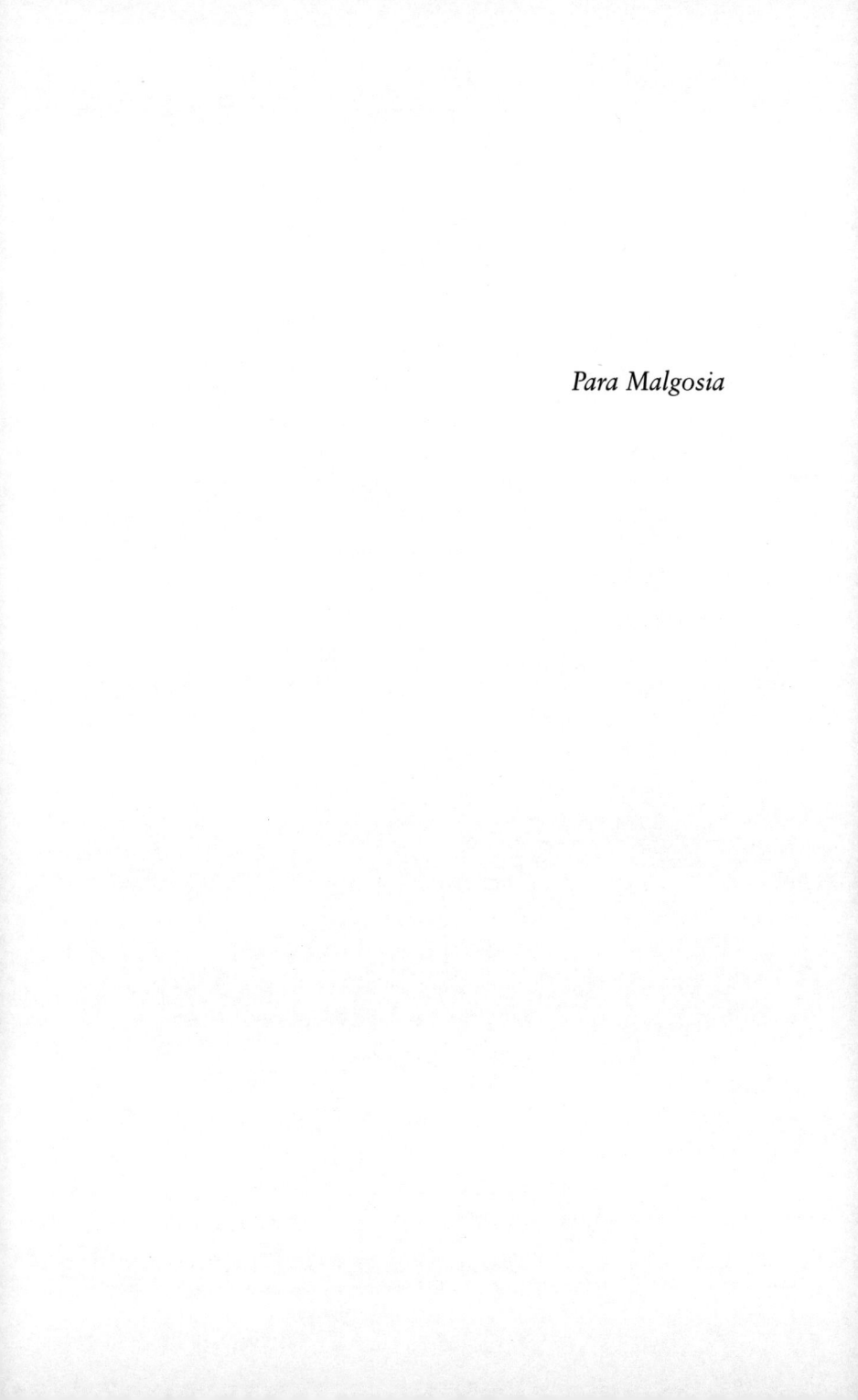

*Agradecimentos
a François-David Sebbah
e Charles Ramond*

Sumário

Cronologia	13
Introdução	17
I. O pensamento central	21
A différance e sua constelação	21
O debate com a racionalidade	34
O futuro anterior e a morte	44
II. O percurso	47
A psicanálise	48
Marx e a política radical	60
O filósofo da literatura	79
III. Leituras	89
Husserl	92
Lévinas	99
Heidegger	110
IV. Perspectivas pós-derridianas	123
Posteridade atmosférica	123
Retomadas do pensamento central	127
Política, literatura, estética	132
Consideração final	134

Índice dos nomes próprios   137

Índice das noções   141

Glossário   145

Alguns autores citados   151

Bibliografia   159
   Entre os livros de Derrida   159
   Traduções brasileiras de Derrida   160
   Entre os escritos sobre Derrida   162
   Escritos sobre Derrida no Brasil   163

Cronologia

1927 Publicação de *Ser e tempo*, de Heidegger; Bergson recebe o prêmio Nobel de Literatura.

1929 Seminário de Husserl na Sorbonne, que resultará na publicação das *Meditações cartesianas*, em 1931.

1930 Nascimento, em 15 de julho, de Jackie Derrida, terceiro filho de Aimé Derrida e de Georgette Safar.

1931 Heidegger é nomeado reitor da Universidade de Friburgo.

1932 Nizan publica *Les Chiens de garde* [Os cães de guarda], panfleto que fustiga os filósofos "idealistas" (Bergson, Boutroux, Brunschvicg, Lalande, Marcel e Maritain).

1933 Os nazistas tomam o poder e fazem votar leis antissemitas; Heidegger pronuncia seu "Discurso da reitoria"; seminário de Kojève sobre Hegel, na Escola Prática de Altos Estudos (será realizado até 1939).

1939-45 Segunda Guerra Mundial. Sartre publica *O ser e o nada* (1943), e Merleau-Ponty lança *Fenomenologia da percepção* e *As aventuras da dialética* (1945).

1946 Publicação de *Reflexões sobre a questão judia*

e de *O existencialismo é um humanismo*, de Sartre; publicação da "resposta" de Heidegger a Sartre, *Carta sobre o humanismo*; começo da Guerra da Indochina.

1947 Lévinas publica *Da existência ao existente*.

1949 Derrida entra no Liceu Louis le Grand de Paris, onde conhece Pierre Bourdieu, Michel Deguy, Pierre Nora e Michel Serres; Lévinas publica *Descobrindo a existência com Husserl e Heidegger*, e Beauvoir, *O segundo sexo*.

1952 Jacques Derrida entra na Escola Normal Superior, onde acompanha o ensinamento de Jean Hyppolite e de Maurice de Gandillac, encontra Louis Althusser e Michel Foucault.

1953 Publicação por Roland Barthes de *O grau zero da escritura*.

1954 Início da Guerra da Argélia.

1955 Blanchot publica *O espaço literário*.

1956 Jacques Derrida é recebido na *agrégation* de Filosofia e vai ensinar como assistente em Harvard.

1957 Jacques Derrida se casa com Marguerite Aucouturier.

1960 Publicação de *Crítica da razão dialética*, de Sartre, e de *Signos*, de Merleau-Ponty.

1961 Morte de Merleau-Ponty; Lévinas publica *Totalidade e infinito*.

1962 Os acordos de Evian, em abril, encerram a Guerra da Argélia e a presença francesa no território argelino; a família de Derrida se instala na região de Nice; publicação de *How to Do Things with Words*, por John L. Austin, que será traduzido em francês em 1970 (*Quand dire, c'est faire*).

1964 Derrida é nomeado professor assistente na Escola Normal Superior. Sartre publica *As palavras* e recusa o prêmio Nobel de Literatura.

1967 Derrida publica *Gramatologia*, *A escritura e a diferença* e *A voz e o fenômeno*.

1972 Derrida publica *La Dissémination* (que contém o ensaio "A farmácia de Platão") e *Margens da filosofia*; Deleuze publica *O Antiédipo: capitalismo e esquizofrenia*, em colaboração com Félix Guattari.

1974 Derrida publica *Glas* [Dobre]; Lévinas publica *Autrement qu'être ou Au-delà de l'essence* [Outramente que ser ou mais além da essência].

1980 Derrida defende a tese de doutorado através de obras publicadas; lança *Cartão-postal: de Sócrates a Freud e além*.

1983 Derrida funda o Colégio Internacional de Filosofia, com François Châtelet, Jean-Pierre Faye e Dominique Lecourt.

1984 Morte de Michel Foucault; Derrida é nomeado diretor de Estudos na Escola de Altos Estudos em Ciências Sociais.

1992 Fukuyama publica *O fim da história e o último homem*.

1993 Derrida publica *Espectros de Marx*.

1994 Derrida publica *Força de lei*.

1995 Morte de Gilles Deleuze e de Emmanuel Lévinas.

1996 Derrida publica *Le Monolinguisme de l'autre* [O monolinguismo do outro].

1998 Derrida publica a versão aumentada de *Psyché: inventions de l'autre* [Psiquê: invenções do outro]; morte de Jean-François Lyotard.

2001 Atentados de 11 de setembro nos Estados Unidos; intervenção militar dos Estados Unidos no Afeganistão.

2003 Intervenção americana no Iraque.

2004 Morte de Jacques Derrida, em 9 de outubro.

Introdução

Quando se pronuncia o nome de Jacques Derrida, é todo um universo que se acha evocado. Em primeiro lugar, vem à mente sua notoriedade ainda em vida. Notoriedade conquistada nos *campi* da América do Norte, mas difundida no mundo inteiro. Recebemos ainda hoje em nossas universidades projetos de monografias universitárias redigidos por japoneses, romenos, chilenos e senegaleses no estranho idioma derridiano. Alguns volteios de linguagem igualmente ressoam de imediato, verdadeira harmonia de fundo para esse universo: por excelência, o *sempre já*, naturalmente acoplado a certo emprego do futuro anterior.* Para destacar esse ponto, ouso dizer que o pensamento de Jacques Derrida *sempre já terá valido* como portador dessa retórica.

Mas o nome de Jacques Derrida também nos faz pensar irresistivelmente na Escola Normal Superior, esse lugar amado de nosso hexágono, em certo sentido embaraçado pelo excesso de sacralidade, mas que temos perder, a despeito das incitações supostamente razoáveis, em função do mundo e do tempo. Vemos Derrida "imobilizado" durante muitos anos na rua de Ulm, preso a sua

---

* O *futur antérieur* do francês equivale a nosso futuro do presente composto. Ao longo do livro, optou-se pela tradução literal a fim de preservar a ideia contida no francês de um futuro que na verdade parece já ter acontecido. Derrida joga em inúmeros textos e contextos com essa temporalidade complexa e dividida. [N.T.]

notoriedade e à preparação da *agrégation**, mas sem cargo magistral. Concebemo-lo como o estudante típico e insuportável da Normal, capaz de fazer um discurso brilhante que atravesse a história da filosofia a pretexto de qualquer assunto.

Derrida é tudo ao mesmo tempo, com uma distância impalpável, todavia eficiente: com um leve sotaque de francês originário da África do Norte, espalhando um perfume da Argélia. Dito isso, mesmo esse sotaque e o sol do sul do Mediterrâneo são um anteparo: o que se mostra de fato é um judeu assimilado. Ou isso ainda é um anteparo? Em todo caso, Derrida nunca se identifica de todo com a legitimidade ou com o *establishment*.

O nome de Derrida traz de volta os anos otimistas e grandiosos do pensamento francês, os anos de grande entusiasmo subversivo e visionário: o fim dos trinta gloriosos e ascensão ao primeiro plano de alguns autores – Deleuze, Foucault ou Lyotard, juntamente com Derrida –, que desenvolvem a filosofia como relacionada ao horizonte de uma revolução radical. E encarnam a imagem de um racionalismo cujo acontecimento não se distingue daquele da "crítica prática"†**, como era batizada no léxico marxista.

No entanto, ademais, para além dessa conjuntura efetivamente memorável, Derrida significa também, de imediato, a França. Como Victor Hugo, Flaubert, Proust ou Sartre, Derrida é um autor sintomático de nossa cultura nacional, que remete sua imagem para fora das fronteiras francesas. E que incita os filósofos de outras línguas vernáculas a jogar com as palavras do francês, tal como

---

*   Sem equivalente no Brasil, a *agrégation* é um grande concurso nacional francês para recrutamento de professores do ensino médio e do superior. [N.T.]

** O símbolo † indica conceitos que são tratados no Glossário e Alguns autores citados. [N.E.]

ele fazia. Cercado da aura de sedutor abusivo, daquele que ama dar lições e que provavelmente não se liga de modo apenas injusto aos habitantes da França (ao menos os intelectuais). Contudo, uma vez dito tudo isso, resta dizer que Derrida é um filósofo e nos legou uma obra. Participou dos debates e dos desdobramentos da filosofia do século XX. Nos inúmeros livros que escreveu, retrabalhando para publicação as conferências que lhe solicitavam de toda parte do mundo, desenha-se um determinado ensino, propõe-se um método, sugerem-se eixos de aprofundamento e modos de retomada.

Este livro tem como único objetivo tornar Derrida legível, utilizável, passível de ser debatido, inclusive pelos que não detêm de pronto o conjunto das chaves culturais que se acredita serem necessárias para isso. Procederá, forçosamente, portanto com certa violência em relação aos textos derridianos: projetará sistematicamente seu conteúdo em algo como teses, formuladas na forma de noções, a respeito das quais nos esforçaremos para dar definições expressas. Pretende-se, portanto, extrair as ideias derridianas de certa corrente meditativa da fala derridiana, à qual, contudo, pode-se reconhecer que pertencem: isso não quer dizer que não precisemos pôr em destaque elementos pelos quais passa a força universal do discurso de Derrida, o qual pode ser transportado para além de suas palavras e de seus lugares.

Em outras palavras, ao assumir sua ambição pedagógica, nosso pequeno livro pensa estar participando de um trabalho útil. Em primeiro lugar, o de restituir a filosofia de Derrida ao contexto filosófico geral, característico de nosso presente; sem esquecer, é claro, que esse presente retira seus traços e sua estrutura de todo um passado. Simultaneamente, a de mostrar essa filosofia como um instrumento intelectual para as pesquisas futuras.

Para sustentar esse programa, foi preciso encontrar um meio de projetar a quantidade impressionante dos textos derridianos em alguns títulos, submetendo cada um deles a um exame limitado e cerrado, mas que se espera exemplar. Escolhi, portanto, propor três esclarecimentos sucessivos acerca da obra:

– Descrever, primeiramente, o "pensamento central": aquele que, difícil, insuportável, repetido, atravessa todos os pensamentos derridianos e que sempre nos perguntamos se verdadeiramente o compreendemos.

– Pincelar, sumariamente, o percurso de Derrida – equipado de seu pensamento central – de uma região a outra de nosso mundo, de uma estante a outra da Grande Biblioteca. Ative-me a relatar a retomada das ideias derridianas em relação à psicanálise, sua transposição para a pregação de um discurso político radical e a mistura complexa com a coisa literária.

– Apresentar, conclusivamente, a partir do exemplo de três grandes autores, uma operação fundamental da filosofia derridiana: a da leitura (filosófica). Desejei, portanto, contar como Derrida retoma, contesta, desloca e se apropria dos pensamentos de Husserl, de Heidegger e de Lévinas.

I
O pensamento central

Derrida surge no final dos anos 1960 já armado com um pensamento central, que o torna imediatamente célebre e a que vai essencialmente se apegar em toda a sua obra, ao longo dos múltiplos volumes publicados. Tal é o pensamento da *différance*, do rastro (*trace*), do suplemento, da desconstrução como entrave da *metafísica da presença*. É, portanto, essa constelação emblemática, que constitui coletivamente a assinatura primitiva do ato filosófico derridiano, que devemos em princípio explicar.

A différance *e sua constelação*

Pode-se começar, de modo um tanto "marciano", pela *différance*: trata-se de uma espécie de palavra-valise que designa, a um só tempo, a diferença e o ato de *diferir*, o gesto do "postergar" (em direção ao futuro).

A palavra *diferença* se encontra aí porque, num primeiro nível, Derrida retoma filosoficamente uma lição de Saussure. Com efeito, a época em que ele fala é a da descoberta e da celebração de um "estruturalismo linguístico", cuja invenção remontaria ao linguista Ferdinand de Saussure, também lido e compreendido na perspectiva de seu *Curso de linguística geral*. Nesse texto,

Saussure estabelece para a ciência da linguagem a tarefa de estudo da *língua*, tesouro social compartilhado pelas psicologias individuais. A língua faz sistema, constituindo um sistema de signos: cada signo é a unidade indestrutível de uma forma sonora ("imagem acústica" ou significante) e de um pedaço de sentido ("conceito" ou significado). O aspecto "sistemático", no caso, consiste em que a associação do som e do sentido se faz coletivamente: a parte de sentido que um fragmento de som distinto dos outros recebe é, por definição, uma parte que os outros não recebem. A possibilidade global do sentido e a possibilidade global do som se encontram, simultaneamente, esquadrinhadas, divididas.

As *unidades* do sistema são, no final das contas, *valores*: cada expressão linguística é identificada como um valor constante, que se efetua na transação linguística. Ela é apreendida a partir da diferença de efeito de sentido que traz com relação às outras expressões disponíveis da língua. Desse modo, o valor de *temer* se revela pelo que a palavra carrega em si e que a distingue das expressões quase substituíveis *recear* e *ter medo de*: se uma desaparecer, o sentido que ela recobria deverá ser repartido entre as duas outras.

Em relação à linguagem, a identidade é, portanto, secundária com relação à multiplicidade das *oposições*: dessas diferenças pelas quais cada papel do sistema é definido contra outro. Na esfera linguística, Saussure chega a proclamar uma espécie de *ontologia negativa*: os termos se esvaecem, não com plenitude positiva, resolvendo-se no vazio do intervalo que os separa uns dos outros. Isso pode ser compreendido inicialmente no nível elementar dos fonemas, unidades sonoras pertinentes mínimas, que constituem o alfabeto oral (como o /t/ ou o /u/ fonéticos). Mas essa estrutura opositiva comparece em todos os níveis, configurando, ademais, uma solidariedade entre os níveis: o fonema /b/ é definido pela faculdade de se opor aos outros fonemas como /s/, tal como a experiência da reversão de sentido entre /bela/ e /sela/ demonstra, atestando o papel dessa diferença particular. Portanto, a diferença é tudo para essa ontologia negativa.

Contudo, Derrida acrescenta ou, antes, superpõe à diferença, assim celebrada e reconhecida como decisiva, o ato de *diferir*. Isso porque, de outro ponto de vista, o signo linguístico e a expressão linguística *remetem a*, prometendo um preenchimento. Esse preenchimento poderia ser o de sua *referência* – o indivíduo do mundo real que lhe corresponde e que satura sua expectativa – ou o do *significado* – a parte semântica que lhes pertence em meio ao oceano das possibilidades de sentido. Ora, Derrida ensina que o signo apenas remete a seu referente ou a seu significado no horizonte de um outro lugar ou de um futuro.

O que, efetivamente, é mais característico do uso corrente da emissão de mensagens significativas, do emprego da linguagem como compartilhada, é que já dizemos as palavras antes que se encontrem ilustradas no mundo ou antes que sua interpretação esteja disponível. A palavra *casa* ressoa mesmo se nenhuma casa estiver presente, e isso não ocorre de forma acidental: o dispositivo da linguagem determina essencialmente que qualquer elemento do mundo possa ser convocado *in absentia*. O que será eventualmente reconhecido como casa é função do significado *casa*, que emana do uso linguístico, mas esse significado é, por definição, constantemente renegociado na série das subsunções convocadas a sobrevir, levando-me a identificar meu carro como segunda casa ou a Europa como casa comum.

A cada vez que emito uma expressão linguística, até segunda ordem aceito a ausência do referente ou do significado último; na verdade, empenho minha expressão linguística numa expectativa interminável do que seria o preenchimento definitivo e perfeito, seja este concebido como preenchimento por um objeto ou por um sentido. É preciso tal jogo para que a linguagem circule: palavras para as quais acorreria de imediato um referente perfeito, ou que ressoariam uma significação definitiva, bloqueariam o jogo da linguagem e proibiriam qualquer fala, qualquer diálogo, qualquer interpretação, qualquer devir. O signo apenas funciona porque ele posterga indefinidamente sua saturação referencial ou semântica: cada aplicação a um novo caso referencial desloca as possibilidades do semantismo; cada reconfiguração do semantismo libera a possibilidade de novas ilustrações referenciais. Quando chamo meu carro de casa amplio o significado da palavra *casa*. Quando interpreto a significação preponderante da palavra *casa* como a de "o que abriga", autorizo por antecipação que o útero ou o Google sejam considerados como casas.

A *différance* de Derrida corresponde então a uma apreensão unitária da diferença e do diferir: esse jogo do sentido que consiste em diferir indefinidamente uma saturação só ocorre se ele repousa em "sistemas" cujas unidades são abismos, intervalos vazios, consagrados como tais. Em ambos os casos, Derrida destaca a mesma figura: a de uma entidade nomeada mas falha, convocada mas inencontrável. Ao dizer a palavra *casa*, convoco seu referente e seu significado, mas convocá-los apenas quer dizer tomar ciência de sua falta, diferindo-os. Reconstruo racionalmente a linguagem em termos de constituintes elementares, mas estes somente podem ser descritos como buracos, ausências qualificadas. Daí a ideia de que o modo que a referência e o significado têm de nunca advir corresponde ao modo que as unidades têm de se recusarem a ser apreendidas positivamente: a primeira é como o eco da segunda. E é esse vínculo que a palavra *différance* enuncia, ao condensar o verbo *diferir* e o substantivo *diferença*.

Em Derrida, esse pensamento da *différance* se encontra de pronto relacionado a uma reflexão sobre a *escritura* ou *escrita* (*écriture*) e sobre a voz. Seus três primeiros grandes textos trazem a marca dessas noções até mesmo nos títulos: a coletânea de artigos *A escritura e a diferença*[1], o comentário sobre Husserl, *A voz e o fenômeno*[2], e o tratado fundador *Gramatologia*.[3] Derrida combate a ideia simplista e, à primeira vista, incontornável, segundo a qual a escrita seria um suplemento inessencial à expressão oral: a escrita não passaria de uma consignação "a mais" – no limite, contingente em relação ao trabalho da significação – do que já vem numa apresentação adequada à e pela fala. Ele descreve minuciosamente a maneira como espíritos à primeira vista dessemelhantes, como Rousseau, Saussure e Lévi-Strauss, são convergentes nessa ideia do caráter secundário da escrita. Segundo essa ideia, a escrita, enquanto transcrição subserviente do que tem sua sede noutro lugar, nada traz de fundamental. Ao contrário, ela corre constantemente o risco de diminuir o sentido, ao omitir o que, nele, depende essencialmente da circunstância viva da fala. Derrida mostra que, na verdade, nesses autores enumerados, a escrita está regularmente associada, no final das contas, a todas as degradações possíveis: ela é vício, artifício, poder, morte, etc.

---

1. Cf. Jacques Derrida, *L'Écriture et la différence*, Paris, Seuil, 1967. [Ed. bras.: *A escritura e a diferença*, 4ª ed. revista e ampliada, trad. Maria Beatriz Nizza da Silva, Pedro Leite Lopes e Pérola de Carvalho, São Paulo, Perspectiva, 2011.]
2. Cf. Jacques Derrida, *La Voix et le phénomène*, Paris, PUF, 1967. [Ed. bras.: *A voz e o fenômeno: introdução ao problema do signo na fenomenologia de Husserl*, trad. Lucy Magalhães, Rio de Janeiro, Zahar, 1994.]
3. Cf. Jacques Derrida, *De la grammatologie*, Paris, Minuit, 1967. [Ed. bras.: *Gramatologia*, trad. Miriam Schnaiderman e Renato Janine Ribeiro, São Paulo, Perspectiva, 1973.]

Derrida procede então a uma reconstrução filosófica dessa "figura" do descrédito e da secundarização da escrita; com isso, ao explicá-los, começa a empreender sua revalorização. Essa reconstrução é, ademais, convergente com a ideia anteriormente exposta da *différance*. Para ele, a escrita ou escritura (*écriture*) é desconsiderada na mesma proporção em que a voz, ao contrário, é celebrada, incensada. Ele compreende essa celebração como resultante da presunção de uma presença transparente do pensamento ou do sentido a si próprios na fala: quando a voz ressoa, o sentido comparece, eu o recebo como alocutório no mesmo momento em que o emito enquanto locutor; ele está presente e se impõe sem mediação, em sua perfeição. Ao contrário, a passagem pela escrita, para destinar o sentido e para lhe ter acesso, enfatiza o desvio e a demora como componentes da matéria do sentido. De acordo com o "roteiro da escrita", eu deponho o sentido numa configuração material que me escapa (espécie de garrafa lançada ao mar) ou o reencontro num texto, longe de toda diretiva pessoal que o controle, à mercê de minha leitura (no pergaminho extraído da garrafa recuperada por mim enquanto perambulava na praia).

Todavia, Derrida objeta que essa distinção e essa hierarquização entre fala ou voz e escrita estabelecidas por toda uma tradição não são pertinentes: a não imediaticidade é intrínseca à ordem da significação. A voz só é significativa se suas operações se inserirem num sistema de elementos codificados comparáveis ao dos signos do sistema linguístico: Saussure chama esses sistemas de *semióticos*. A despeito de seu preconceito a favor da fala (seu *logocentrismo*), Saussure nos ensinou que os signos de uma semiótica só valem se a convenção dos intervalos entre unidades for estabelecida: se as oposições entre as expressões possíveis forem reconhecidas, conferindo valor a cada combinação específica, como acabamos de ver.

Portanto, mesmo quando falo a mim mesmo silenciosamente, num solilóquio de minha reflexão, essa "voz pura" que ressoa em mim passa pela mediação do sistema, e o sentido só se "produz" escrevendo-se em mim, mas com a condição de se admitir um novo e mais profundo sentido para o verbo escrever: escrever, nesse sentido, quer dizer depositar num suporte qualquer inscrições que ganham valor na proporção do que as separa e as distingue umas das outras. Isso significa, portanto, necessariamente superar nesse suporte a massa material indiferenciada (a do som, da cor, etc.) para deixar se manifestarem segmentos descontínuos uns em relação aos outros.

Derrida chama de "arquiescrita" ou "arquiescritura" [*archi-écriture*] a escrita entendida nesse sentido radical, segundo o qual há escrita quando falo, do mesmo modo que quando escrevo; até mesmo se falo silenciosamente ou, decerto, se falo através de um sistema não linguístico. Nos termos da ambiência esquecida dos anos 1960, seria preciso dizer, como Roland Barthes outrora[4], que uma mulher elegante arquiescreve seu adorno no sistema da moda. Aquela que escolhe vestir uma saia, longa ou contida, ou aquela que modera o efeito magistral da saia – dessa vez, curta – vestindo *leggings* em vez de *collants*, emite o análogo a uma palavra ou a uma frase: e sabe-se a que ponto esses tipos de falas são ouvidos.

Qualquer significação é escrita; portanto, qualquer significação escapa ao sonho de presença transparente, tradicionalmente associada à voz ou à fala: passa pelo sistema, com seus lugares e regras.

Ao destacar a escrita dessa maneira, lembrando-nos seu caráter fundamental, Derrida acentua nela a

---

4. Cf. Roland Barthes, *Système de la mode*, Paris, Seuil, 1967. [Ed. bras.: *Sistema da moda*, trad. Ivone Castilho Benedetti, São Paulo, Martins Fontes, 2009.]

dimensão ou o momento da inscrição: o que se escreve é sempre o rastro resultante de uma inscrição. Os signos mínimos, as unidades semânticas no sistema não aparecem senão como articulação de *traços* – quer consideremos os traços gráficos, que compõem as letras, ou os "traços de expressão", que compõem os fonemas, análogos das letras da escrita que são, para a linguagem oral, o /a/ ou o /e/ sonoros (podem intervir num fonema traços de expressão como o sonoro, o nasal, etc., correspondendo a diferentes utilizações da garganta ou articulações da língua).[5] Ora, não há traços sem "incisão" num *continuum*: é preciso que uma matéria tenha se deixado marcar para que se mostrem traços, resíduos do corte, merecedores do nome de traços.

Ainda nesse aspecto, poder-se-ia dizer que Derrida está próximo de Saussure, o qual também narra a genealogia do signo em termos de uma "segmentação" simultânea de dois *continua*, o do pensamento e o da matéria significante. Para Saussure, cada *continuum* é dividido em zonas pelo sistema da língua, que se realiza no emparelhamento simultâneo de todas essas zonas, duas a duas: para formar um signo, uma região de pensamento é emparelhada a cada vez com uma região de matéria significante, em favor de uma "alocação" que só pode ser global e sincrônica[†]. O esquema da figura 1 ilustra essa ideia saussuriana.

---

5. De acordo com a classificação de Jakobson, os fonemas das línguas humanas são analisados em função de doze traços distintivos. Tradução dos termos em português: traços de fonte (+/– vocálico; +/– consonântico); traços de fonte complementar consonântica (+/– contínuo; +/– bloqueado; +/– estridente; +/– vozeado); traços de ressonância (compacto/difuso; grave/agudo; +/– bemolizado; +/– diesado; +/– tenso; +/– nasal). Cf. Roman Jakobson, *Essais de linguistique générale*, Paris, Minuit, 1963, p. 127-31. [Fonte para a tradução do vocabulário linguístico: http://www.infopedia.pt/$fonologia, acessado em 19/3/2014 – N.T.]

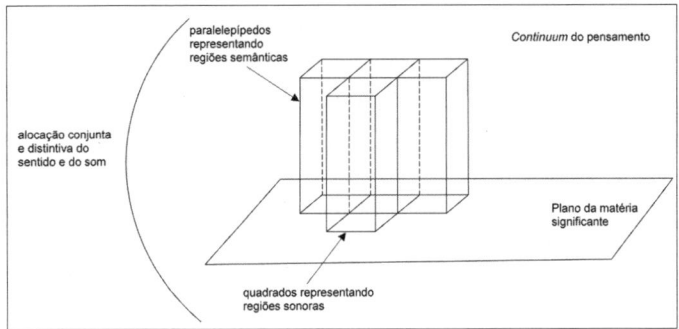

Figura 1 – Alocação conjunta

Observe-se que o pensamento derridiano do rastro e da inscrição ou encetamento é, na verdade, um sincretismo que condensa Saussure, Lévinas e Heidegger, estes dois sendo nomeados desde as primeiras formulações por Derrida de seu "pensamento central".

O rastro de Derrida é também o vestígio de um "passado que jamais esteve presente", sendo essa figura, no caso, o que Derrida declara ter retomado de Lévinas.[6] Do mesmo modo que o rosto de outrem, apresentação não plástica evanescente, rastro por si mesmo, enquanto aspirado pela morte em sua fragilidade e seu declínio vital, libera para nossa dívida ética o sentido de uma origem imemorial, fora do tempo, convocando-nos para além do fluxo sem fim do ser[7], desse mesmo modo, a mínima configuração dos traços de um sistema semiótico remete, de acordo com Derrida, para uma origem inencontrável: a incisão das diferenças do sistema não pode ser situada num tempo histórico; não podemos remontar para "antes" do compartilhamento da linguagem ou da economia

---

6. Cf. Jacques Derrida, *Marges: de la philosophie*, Paris, Minuit, 1972, p. 22. [Ed. bras.: *Margens: da filosofia*, trad. Joaquim Torres Costa e Antônio Magalhães, Campinas, Papirus, 1991, p. 55.]
7. Cf., por exemplo, Emmanuel Lévinas, *Autrement qu'être*, Haia, Martinus Nijhoff, 1974, p. 143-8 (seção "Phénomène et visage", III, 6, d).

dos signos, pois toda história que elaboramos situa nossa humanidade num tal compartilhamento ou numa tal economia. A alocação simultânea de Saussure é uma ficção que projetamos na origem, mas jamais pôde ser uma ação com conhecimento de causa, que emanasse de um momento da humanidade anterior à linguagem. Como complexo de rastros, a língua constitui para nós um horizonte de anterioridade insuperável, sendo um "passado que jamais esteve presente", no sentido de que um presente da inscrição originária é inconcebível.

Mas Derrida lê essa origem impensável também de maneira heideggeriana. Para ele, a incisão ou o encetamento originário é o depósito de uma linha na qual se separam e se juntam tanto as duas bordas (por exemplo, a fronteira entre dois fenômenos, digamos entre /a/ e /é/).

Não haveria estilete para esse encetamento que rasga e cose a um só tempo, porque a "operação", embora esteja completamente comprometida com a matéria, é ao mesmo tempo a instituição do valor, valor este que é igualmente o tipo ideal: a diferença entre o /a/ e o /é/ não se localiza em nenhuma garganta pessoal, nem em nenhum momento histórico de proferimento; em vez disso, é um invariante que cada emissão do /a/ ou do /é/ por um locutor e cada reconhecimento do valor correspondente por um ouvinte confirmam. Isso significa que nenhum instrumento empírico poderia produzir tal instituição. "Entre" as duas bordas que se juntam e se separam, não há nenhum objeto apreensível, nenhum "real" que surja, nenhum *ente*.

Derrida se satisfaz com compreender esse roteiro da incisão ou do encetamento original, fonte de toda semiologia, tendo como referência a ideia heideggeriana da abertura [*déclosion, Erschlossenheit*] do ser no ente. Seria preciso entender esse nada que enceta, rasga, junta, e se retira como inapreensível, como diferente do ser, mas também como o agente misterioso, fonte de tudo, que faz vir os entes graças a uma dobra ou a uma "batida", a qual é ao mesmo tempo a de sua retirada: o ser de Heidegger. Entre todas as formulações heideggerianas da abertura, da vinda-declínio originário, da dobra-batida profunda, Derrida privilegia a que passa pela palavra *Ereignis* e que enfatiza a apropriação no doar originário de um jogo de dimensões (ser/tempo, espaço/tempo). *Ereignis*, em alemão, quer dizer acontecimento, mas na palavra ressoa também *eigen*, que significa tornar próprio, harmonizar ao próprio: com essa palavra, que não é construída a partir do verbo ser, Heidegger intenciona contar e descrever a abertura, voltando ao cerne de seu acontecimento, ao nó originário que por ela se realiza, "antes" que reste apenas o ente a que o ser dá lugar e vez. Derrida concebe o vazio do encetamento a montante de cada valor diferencial por meio de ligação com o enigma do *Ereignis*.

Decerto é penoso para quem toma conhecimento desse pensamento central encontrar aqui, bruscamente, pré-requisitos que mereceriam longas exposições em separado. Se se deseja restituir e fazer compreender o interesse por Derrida, é preciso acrescentar as seguintes chaves: sua concepção da *différance* como nó do problema do sentido, implicando a revalorização da escritura e a ideia da arquiescritura, exige ao mesmo tempo que a sobredeterminemos com a tripla atmosfera já referida – saussuriana, levinasiana e heideggeriana.

Finalmente, devemos também pôr em relevo o pensamento do *suplemento*, já mobilizado no que precede, e que revela outra face operatória, por assim dizer, do pensamento central de Derrida.

Derrida evoca, primeiramente, o suplemento, na *Gramatologia*[8], a partir de textos de Rousseau, nos quais se

---

8. Cf. Jacques Derrida, *De la grammatologie*, op. cit.

trata verdadeiramente de masturbação. Ele observa que Rousseau a descreve, por um lado, como o que permite abster-se da sexualidade, manter-se à distância dela e proteger-se de sua violência e ameaça; por outro, ao mesmo tempo como o que abre para o sujeito uma via específica de desperdício de energia, de naufrágio e de enlouquecimento.

Numa abordagem simplesmente conceitual, Derrida sublinha o duplo sentido da palavra *suplemento*, a qual exprime tanto o que vem no lugar de, o que supre, e o que se acrescenta para provocar um aumento, um excedente, um excesso. De acordo com o que acabamos de ver, a masturbação em Rousseau é suplemento, no que diz respeito à sexualidade, nesses dois sentidos: alternativo e aditivo.

No final das contas, entretanto, na economia do pensamento derridiano, é antes uma terceira "figura do suplemento" que prevalece: o modelo é a escritura com seu *status*. Ela parece ser um suplemento contingente à fala, acrescentando-se a ela externamente, sem afetá-la de modo essencial, sem que a segunda necessite fundamentalmente da primeira. Todavia, Derrida defende que o suplemento, no caso, não vem "a mais", nem "depois"; não é facultativo, nem secundário, mas intervém de maneira originária na fala como arquiescritura: a exteriorização do sentido em sistema de signos é primária, intrínseca.

Assim, o que o conceito de suplemento expressa no pensamento de Derrida é a ideia de um segundo que é falsamente segundo, que vem junto com o primeiro, em seu cerne, corrigindo-lhe a noção: o primeiro já está fundamentalmente assombrado pelo segundo, dividido e afastado de si pelo segundo. O que quer dizer, ainda, que o primeiro nunca teve identidade estável e suficiente, atribuível no modo da presença.

Na realidade, a aplicação por excelência do conceito de suplemento diz respeito à apresentação e à representação:

a representação não é o suplemento adventício da apresentação, o que a restitui em condições inferiores para lembrar-lhe o quanto ela pode ser; mas, em vez disso, Derrida defende que toda apresentação "terá sido representação". Nada terá podido jamais impressionar com sua presença senão pela via mediata e representativa do signo, em referência a linhas repetitivas e diferenças semióticas. A presença é apenas convocada numa construção movente, que a representa, dividida entre os rastros textuais que a efetuam e a idealidade de significação inencontrável e ausente, para a qual ela aponta.

Falamos bastante acerca desse pensamento central, que vai inspirar quase quarenta anos de escrita e orientar o percurso e as leituras, cujos episódios e lugares nossos dois próximos capítulos procurarão relatar. De imediato, no esforço que acabou de ser feito para reproduzir seu argumento, suponho que se tenha sentido a tensão que esse pensamento central exerce nas formas, nos princípios, nas próprias pretensões da racionalidade. Sabe-se que essa é a "dificuldade" associada ao pensamento de Derrida e que suscitou um certo número de conflitos abertos, de resistências públicas – e ultimamente um desprezo soberano – da parte dos que concebem, ao contrário, toda filosofia digna desse nome como indefectivelmente afiliada ao racionalismo e à racionalidade: as filosofias de doutrina analítica.

Vamos agora refletir acerca do debate do pensamento de Derrida com a racionalidade, não para inserir fraudulentamente, nesta apresentação de sua contribuição intelectual, uma digressão pessoal, mas sim porque pensamos que a justa avaliação desse debate faz parte do que precisa ser compreendido: porque isso nos parece a boa maneira de melhor compreender e assimilar seu "pensamento central". Em termos derridianos: o debate de Derrida com a racionalidade é um "suplemento" no sentido derridiano – e não segundo o entendimento comum, que faria dele um acréscimo inessencial.

O debate com a racionalidade

Pode-se começar a organizar esse debate em relação a alguns ícones maiores, como a verdade ou o princípio de contradição. Encontra-se em Derrida o que realmente parece uma suspeita explícita dirigida à verdade, em nome do combate contra a "metafísica da presença": de acordo com a análise derridiana, a verdade no sentido da correspondência entre o que é dito e o real pressupõe que o real em causa esteja presente, que lhe estejamos presentes e que estejamos presentes a nós mesmos.

"Que o real esteja presente." É a condição, se se quiser, *empirista*: isso, a que se deve comparar o que foi dito, para se julgar quanto a sua verdade, deve ser dado em sua plenitude e com transparência, a fim de servir de prova no tribunal da verdade. Porém, abraçando nesse ponto a crítica transcendental ou fenomenológica do empirismo, Derrida nega evidentemente que qualquer coisa possa estar presente dessa maneira. Para ele, o "real" só é presumido por meio de seus modos de apresentação, seus fenômenos ou, finalmente, por meio dos signos de linguagem que o rotulam na economia de nosso pensamento. Portanto, ele nunca está lá no sentido próprio, mas apenas "apontado" de uma forma ou de outra por esses intermediários.

"Que lhe estejamos presentes." Na verdade, esse real apenas está presente se lhe estamos presentes, apontando para ele. Mas essa operação para significar o real somente acontece numa economia de conjunto, pondo em jogo um sistema de signos, um contexto com múltiplos estratos, e condicionando eminentemente o que se pode presumir no polo da referência, o que *visamos* exatamente. Tal economia se interpõe entre o real e nós, relativiza nossa presença diante dele: entidade em direção à qual nosso pensamento/nosso discurso vão; e nossa adesão ou aderência a ela são função da atmosfera cultural do mundo ou dos usos cotidianos, que torna esses ou aqueles objetos mais destacados (como os automóveis ou as canções).

Por conseguinte, a ideia do tribunal da adequação para a verdade seria a ideia de um puro impossível, equivalendo ao desconhecimento do embaralhamento originário de toda presença.

Em Derrida, encontra-se também o que de fato parece um diagnóstico do fracasso *a priori* de toda regulação das proposições e de seu encadeamento de acordo com o *princípio de contradição*: o antigo e venerável princípio que enuncia a impossibilidade de sustentar, a um só tempo, uma coisa e seu contrário, de manter juntos de forma lógica P e $\neg P$. O princípio que faz das contradições, da forma $P \wedge (\neg P)$, o buraco negro absolutamente repelente para toda racionalidade.

Desde a *Gramatologia*, Derrida enfatiza, com efeito, algo como uma figura da autorrefutação "suplementar". Rousseau declara P, como diz em sua obra, mas as palavras da declaração envolvem $\neg P$: ele defende a ideia de que o canto é a origem da fala, que a fala é originariamente vociferação apaixonada e cantante, mas esse mesmo desenvolvimento diz também que a fala degradada é diferente do canto e que este último intervém como modificação da voz falante. Segundo a maneira de Derrida reconstituir as coisas, é o próprio discurso que coloca o canto como originário que não pode deixar de dar, ao mesmo tempo, essa origem como perdida, de tal forma que esse discurso constrói o canto como modificação da fala, tanto quanto o põe em cena como sua fonte original, e isso no mesmo passo, no mesmo movimento. ¬*P* habita o acento mesmo que faz ressoar *P* (com um *P* que seria aqui "o canto tem prioridade sobre a fala").

Ao longo de seu percurso e de sua obra, Derrida vai reiterar exaustivamente, até a vertigem, em certo sentido, tal gesto de comentário indexado sobre a "pragmática"†. Ele examina, com efeito, em várias ocasiões, o que é dito nesse ou naquele trecho, eventualmente nessa ou naquela frase de determinado autor, e glosa esse "dito", remontando ao "fato que é dito", ao acontecimento de enunciação desse dito. Ou antes – visto que Derrida não se instala, em princípio, no intercâmbio oral, no qual se dá a efetividade presente dos acontecimentos de enunciação –, ao acontecimento da "queda na inscrição do dito", por meio de cuja solenidade ele se localiza no texto. Interpretando assim o que vem significado no "lance" de inscrição, de publicação, ele se permite compreender as palavras na medida do jogo de suas recepções possíveis e das colorações semânticas que os "lances de inscrição" induzem: essas colorações semânticas fazem eventualmente enunciar uma palavra contra a cláusula proposicional de que participa. Desse modo, Derrida demonstra indefinidamente que a formulação *P* não terá impedido a significação ¬*P*, nela mesma ou por meio dela.

Mas isso não leva a simplesmente afirmar que $P \wedge (\neg P)$ retorna inexoravelmente, arruinando a instituição de uma racionalidade fundada no banimento da forma da *contradição*? O suplemento é parte de uma coisa que não pode ser relegada; é tão essencial quanto aquilo de que é "suplemento". Mas, na passagem para o suplemento, não é apenas a referência que vacila, impedindo qualquer verdade; é a fronteira da contradição que é transposta, levando a argumentação lógica ao naufrágio. Tal seria a "má nova", anunciada por Derrida; má nova da qual se suspeita que obtenha benefícios sombrios.

O problema que colocamos só pode ser discutido e refletido se considerarmos as coisas na perspectiva do que vale como moldura estratégica para Derrida, ou seja, o par metafísica da presença/desconstrução. Nesse nível, com efeito, o "pensamento central" de Derrida revela uma vinculação diversa da epistemologia ou da ontologia: em seus textos, a locução *metafísica da presença* nomeia algo que nos engloba, circunscrevendo nossos possíveis; algo como uma prisão histórica do pensamento.

Ele *também* nos ensina que não podemos deixar de pensar com referência a signos que individualizariam sem falha seus referentes ou que expressariam de maneira exata e estável uma significação controlada e supervisionada. Mas o que poderia ser visto como uma pacífica estrutura fundamental da racionalidade, em cuja fidelidade esta fica feliz por se expandir, é antes concebido como um "limite" alienante: o caráter dominante ou regulador da metafísica da presença é visto como o que impede o movimento para fora do sistema, a deriva em direção a um possível, que seria, no caso, o de uma continuação audaciosa da aventura humana, do acesso à perplexidade radical, do questionamento do *status* hierarquizante dos homens, que santifica a rigidez da prática.

Noutras palavras, a metafísica da presença é outro nome da inércia social, política e histórica combatida pela inteligência francesa com o nome de *capitalismo*, na época em que Derrida escreve. E a desconstrução, que a estraga ou remedia no único sentido possível, é outro nome para a revolução, solenemente evocada por todos os que se engajaram de modo radical no mesmo instante.

Certamente, os conceitos de desconstrução e de metafísica da presença têm outra razão de ser e outra genealogia, relacionados ao que se chama, respectivamente, de *destruição* e *metafísica* em Heidegger: mas exatamente o "lance" que Derrida terá realizado no espaço francês – lance de valor internacional, amplamente retomado no mundo desde então – terá sido o de igualar o pensamento heideggeriano da metafísica e de seu ultrapasse com a esperança marxista ou pós-marxista de uma revolução que escape do "sistema".

Já em Heidegger, a meditação negativa e melancólica da tradição racional não fica no terreno puramente filosófico, associando-se à *Stimmung* política (de modo parcialmente aceitável, quando se exprime como crítica da técnica; no pior dos casos, quando se casa com o nazismo). Mas Derrida acentua a equação do julgamento do sistema econômico-político e do julgamento da tradição racional, fazendo-os convergir, como vimos, com certo saber contemporâneo da linguagem.

Devemos, portanto, compreender o elemento crítico no que tange à referência, à significação e ao princípio de contradição, evocados anteriormente, com referência a esse "combate" contra o "sistema", em razão do qual a *desconstrução* vale.

Derrida não deixa de declarar, com muita frequência, que o que chama de desconstrução – tanto quanto o que chama de metafísica da presença – não se pode vincular a uma definição ou a um critério estático e último.

No ensaio *Le Monolinguisme de l'autre*[9] – interessantíssimo porque recoloca, em parte, as coisas num contexto autobiográfico –, ele vincula a desconstrução à expressão "Mais de uma língua".[10] A afirmação é posta em perspectiva por esse outro aforismo: "Tenho apenas

---
9. Cf. Jacques Derrida, *Le Monolinguisme de l'autre*, Paris, Galilée, 1996.
10. Cf. op. cit., Encarte, p. 2; Derrida retoma aqui uma frase de seu livro de 1988, *Mémoires pour Paul de Man*, Paris, Galillée. Jean Grondin cita e comenta esse trecho em seu *Le Tournant herméneutique de la phénoménologie*, Paris, PUF, 2003.

uma língua, que não é minha".[11] O que Derrida ensina seria o seguinte: 1) que a língua nunca é habitada na coincidência e na autorrecognição pelo locutor, o qual só a torna sua ao realizar o desvio idiomático; e 2) que a língua nunca é uma organização fechada e autárquica, mas carrega em si o rastro de outras línguas, de que retira ou para a qual reverte suas modulações e suas palavras.

"Mais de uma língua" exprime, portanto, a um só tempo a recusa da habitação identitária da língua (segundo o ponto 1: não se quer mais saber disso) e a assunção de sua abertura (segundo o ponto 2: quer-se mais dela, sua alteridade a mais). Nos dois casos, encontra-se a ideia maior que anima Derrida, a de um desmentido da suficiência da interioridade; tentando sintetizar: quando digo *minha língua*, isso não quer dizer que o conjunto das expressões assim etiquetadas seja verdadeiramente apreensível, com simples referência ao que identifica essa língua (sua sintaxe e seu léxico próprios, para resumir).

Em *Força de lei*, no âmbito de uma reflexão sobre a justiça, Derrida dá uma definição da desconstrução mais abertamente "política". A ideia que enuncia é que as regras da justiça conquistadas, suas codificações, as divisões e atribuições por que passa numa dada situação histórica, exigem sempre uma "crítica" desconstrutora. Esta vai proceder à genealogia conceitual, textual e histórica dessas formulações, prescrições e compartimentações, para fazer aparecerem intenções e princípios subjacentes, suscetíveis de não valer como justos; ou, para retornar a uma espécie de lance de força inaugural, mais além do justo, de que procedem essas regras conquistadas. De tal forma que a "desconstrução" parece uma genealogia regressiva, que conduz à contradição da justiça consigo própria, ou, mais exatamente, da justiça

---

11. Cf. Jacques Derrida, *Le Monolinguisme de l'autre*, op. cit., p. 13.

conquistada e enunciada com uma justiça infinita e não enunciada.

Mas exatamente a partir dessa apresentação da desconstrução, podemos compreender melhor o ritmo e as condições que Derrida lhe atribui *a priori*. Como "concede" explicitamente em diversos lugares, está claro para ele que o trabalho crítico da "genealogia regressiva" – o qual remete os considerandos da justiça do momento para significações diretivas ocultas no contexto, e que as "julga" finalmente a partir das exigências da "justiça infinita" –, por um lado, não pode evitar de operar com as técnicas intelectuais da racionalidade-padrão (por exemplo, presunção de referencialidade dos discursos, princípio de contradição); por outro lado, não poderia fazer funcionar o referencial da "justiça infinita" senão a interpretando de maneira finita, em relação a uma dada tradição de seu sentido. De tal forma que a desconstrução valida tanto a norma racional, por um lado, quanto o "sistema" histórico que exprime a justiça, por outro.

Tanto que, finalmente, se quisermos compreender o "modelo de pensamento" incluído na desconstrução, devemos talvez tomar de empréstimo ao sistema lógico da dedução natural seu simbolismo, para associar a desconstrução a uma espécie de "introdução da negação" não progressiva, sujeita a um "eterno retorno". Sabe-se que a regra de introdução da negação é representada em dedução natural clássica como mostra a figura 2.

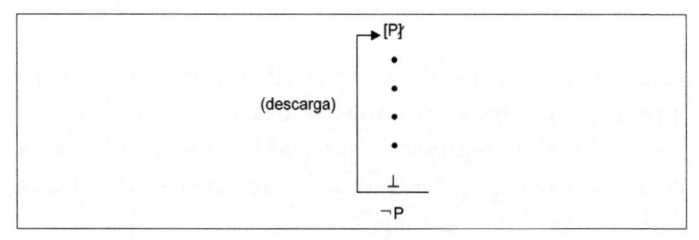

Figura 2 – A regra de introdução da negação

Parte-se de uma premissa P, de uma asserção P simplesmente suposta; e, depois de ter seguido um encadeamento necessário que conduz a uma contradição observada $\perp$, "renuncia-se" a P, para, em vez disso, afirmar $\neg P$. Nessa ocasião, a suposição P se vê "descarregada", esquecida, enquanto $\neg P$ permanece unicamente como ponto de partida de uma sequência possível. Derrida pode endossar o começo desse relato lógico típico: com efeito, a desconstrução põe à prova uma "tese" P, para nos levar, a favor de uma genealogia regressiva, a uma contradição. Mas não se trata de "esquecer" P para "recomeçar" com $\neg P$: a desconstrução ensina, em vez disso, que não podemos não recomeçar indefinidamente de P. Tudo se passa como se o pensamento, na melhor de suas performances possíveis, na versão mais fiel à exigência depositada nele, aceitasse se vincular a um eterno retorno: sempre tomar pé nos axiomas que ele conhece e em que se reconhece, a fim de levar sua "lógica" até a contradição, e daí não se afastar, contudo, de sua ancoragem dogmática e metodológica, mas recomeçar a partir dela. Pensamento-Sísifo, precisamente o da desconstrução.

Só que há uma "boa nova" nesse ensino: ao forçar o pensamento ao reencontro permanente de sua infundação, ao convocá-lo perante os paradoxos de que se reveste, desloca-se também incessantemente seu propósito, modificando sua ambiência e seu estilo. De modo que o programa da desconstrução é também o de uma deriva que leva a uma abertura, de uma "marcha" para um progresso de diferenciação e de deslocamento: todavia, o progresso não é dedutivo, tendo como propulsor uma potência de retardo do sentido que lhe seria intrínseca.

Com efeito, na verdade não é no registro da concatenação inferencial própria à lógica que o "modo" da desconstrução se apresenta da maneira mais adequada. Seria preciso retomar o esquema exposto há pouco a propósito da presunção de referência e do crédito concedido ao significado, de que falamos na seção "A *différance* e sua constelação": a desconstrução, do mesmo modo – ou até mais e sobretudo –, "parte" da compreensão referencial e/ou semântica das palavras, levando essa compreensão a se deixar reverter pelo simples trabalho que aprofunda e distingue, dedicando-se a precisar e discernir o que é significado ou a determinar o indivíduo visado. Ao confiar no poder de designação ou de expressão das palavras, somos levados a deixar se manifestar em nossas palavras que elas não designam o que designam, e não expressam o que expressam. Em consequência, novamente, a desconstrução restabelece a autoridade desse ponto de partida problematizado: nenhum pensamento poderá jamais deixar de partir de um designado pressuposto, de um expresso supostamente compartilhado. E essa "atitude", que não pode ser eliminada, é mesmo pressuposta pelo próprio esforço desconstrutor, pela argumentação que faz a palavra dizer ou designar o que não era previsto que dissesse ou designasse: no curso dessa elaboração, que é a obra mesma da desconstrução, confia-se na designação e na significação das palavras, as quais são as ferramentas para se pôr à prova.

De tal modo que, se é preciso dar uma imagem agradável e expressiva da desconstrução, talvez a melhor opção seja procurar uma série famosa dos anos 1960, que – será por acaso? – ilustra perfeitamente a desconstrução como pensamento-Sísifo: falo da série *The Prisoner*, com Patrick McGoohan no papel-título.[12] Nessa série, o herói é um

---

12. *The Prisoner*, série televisiva britânica, em dezessete episódios, criada por George Markstein e Patrick McGoohan, transmitida entre 18 de fevereiro e 12 de maio de 1968 pelo segundo canal ORTF. [Em 2009, foi feito um *remake* da série nos Estados Unidos, sob a direção de Nick Hurran, para a AMC, e transmitida no Brasil em 2010, pelo canal a cabo HBO – N.T.]

londrino (agente secreto britânico demissionário) que foi sequestrado por uma misteriosa organização e se encontra recluso, com outros, num estranho "vilarejo", aparentemente provido de todas as estruturas sociais normais, mas cujo funcionamento normal foi "desviado", dando o sentimento de ser um engodo. Essa percepção é especialmente reforçada pelo fato de que o poder que preside o destino do vilarejo é o da organização – necessariamente criminosa – responsável pelo sequestro dos habitantes. A hierarquia dessa autoridade é expressa de forma aritmética: o número 4 obedece ao número 3, que obedece ao número 2, que se submete a um número 1, cuja identidade permanece para sempre oculta. Quase a cada episódio da série, o herói imagina uma forma de fugir e parece a ponto de obter êxito. Assim, no final de um episódio, ele embarca numa lancha e escapa pela praia do vilarejo. Mas sua fuga foi percebida pelas autoridades, que disparam um "alerta laranja": e vê-se a embarcação do prisioneiro resgatada, por meio de um estranho dispositivo técnico, que inclui o enchimento de um balão teleguiado. Esse caso de captura do fugitivo infeliz vale como símbolo inexorável da prisão do "vilarejo".

Do mesmo modo, o sujeito da desconstrução é prisioneiro da ordem lógico-semântico-referencial. O número 1 é a metafísica da presença, que nunca se deixa apreender em presença justamente. A fuga iniciada em cada episódio é a trajetória que leva uma palavra a não mais designar ou significar, levando também o dito de um julgamento a se voltar na negação de si mesmo: a trajetória da desconstrução. Mas, quando a designação-significação é perturbada, quando a contradição é atingida, o sinal do "alerta laranja" ressoa: o fugitivo é reconduzido ao vilarejo, e torna-se a partir, para uma nova volta, da asserção *P* ou da presunção de designação-significação das palavras.

Sob o jugo da rainha soberana, a metafísica da presença, a ordem lógico-semântico-referencial nunca é de todo transgredida, nunca é esquecida como uma margem de que se libertaria. Ela mantém sua força e seu direito regulador, a um só tempo para o pior e para o melhor, na ótica derridiana.

O *futuro anterior* e a morte

Há um "tique" de expressão que irresistivelmente evoca Derrida: o do "futuro anterior" derridiano, estranhamente solene, sóbrio e filosófico. O jogo foi evocado desde as primeiras linhas da introdução deste livro. Apenas teremos apresentado até o fim seu "pensamento central" depois de ter, para finalizar, dito algumas palavras sobre esse futuro anterior.

Derrida diz coisas do gênero: "Encetamento terá sempre querido dizer entalhe, ferida de uma superfície". "A divisão que proscreve a escritura e a separa da fala terá sempre, ao mesmo tempo, guardado a escritura no cerne da fala como arquiescritura." Ou ainda ele diz que isso ou aquilo vale "sempre já" como isso ou aquilo. O futuro anterior e o *sempre já* são marcas tão impregnantes e espetaculares do pensamento derridiano que facilmente se prestam à caricatura: basta injetá-las numa construção frasal para que soe derridiana.

Quando se submete uma asserção ao operador do futuro anterior temporariamente universalizado, substituindo, no caso mais sumário, "*S é P*" por "*S terá sempre sido P*", à primeira vista, a diferença introduzida é simplesmente que a asserção "*S é P*" é, por assim dizer, elevada ao nível de eternidade. O que parece nada mais exprimir do que o vínculo de "*S é P*" ao ponto de vista ou método da idealidade, da essência. A questão não é só

"S é P", mas sim que nenhuma perspectiva poderia ser oferecida de acordo com a qual pudesse ser de outro modo. O reforço de "S é P" parece simplesmente consistir no fato de que "S é P" é afirmado posteriormente uma segunda vez, com a garantia da essência ou da idealidade.

Todavia, para Derrida, a essência ou a idealidade não tem presença, nem efetividade, nem lugar ou tampouco data. São apenas a miragem de um direito, fabulado a partir dos signos, de sua diferença e de sua repetição. A ideia permanece vacilante, inatual, incerta acerca de seu conteúdo, no curso das ocorrências que a convocam. Portanto, esse futuro anterior infinito do "terá sempre" é sem verdade, sem presença, sem validade em certo sentido. O que lhe dá uma espécie de conteúdo é apenas o fato de as palavras e suas significações, tomadas no jogo de seu sistema, que é também o jogo da diferença, pertencerem às próximas ocorrências, aos proferimentos ulteriores, às inscrições por vir, aos contextos futuros, tanto quanto às condições "atuais" de uma situação.

A idealidade do sentido é suficientemente operante a ponto de levar tudo o que se diz mais além das circunstâncias; para começar, mais além de qualquer locutor e de qualquer destinatário. De forma que é bem verdadeiro – desta vez, numa espécie de verdade material – que cada frase ressoa "já" na posterioridade de suas condições primitivas: tudo o que dizemos já promete fazer sentido depois de nós, depois daqueles a quem o dizemos e além das coordenadas de um mundo compartilhado.

Razão pela qual o futuro anterior não repete as coisas na posterioridade da essência ou da idealidade a não ser para nos conduzir – ao sabor da linguagem – mais além da vida: dessa vida a qual tendemos a acreditar que irriga o acontecimento da fala nossa contemporânea. Em suma, na ótica derridiana, o futuro anterior expressa o fato de nossa incidência na linguagem ser *eo ipso* participação na morte. Nossa vida humana é produzida constantemente segundo as formas da significação recebida, repassada, endereçada: é, de fato, vida de fala e de troca, imersa no que os especialistas de ciências cognitivas chamam de "comércio informacional". Mas, nessa qualidade, ela é, para Derrida, vida já "vendida à morte", vida já exercida na ótica do desaparecimento de si, vida que se aferra em se manifestar apenas por e no que demite a vida: o rastro ou o documento significante.

A mais viva e a mais específica de nossas vidas seria esse modo de se imprimir no grande sistema da ausência. Nesse sistema, ela não se reencontraria como vida no sentido ordinário senão na medida em que se precipita na abertura da *différance*. A vida é vivida como sacerdócio da ausência, ou seja, como vida que se torna viva vestindo-se de morte: de algum modo, jogando a carta de uma abertura da morte.

Romantismo pavoroso? O próprio Derrida compreendia isso como o amor mais singelo da vida, como a maneira honesta de se apegar às possíveis bênçãos da fragilidade humana, tal como expressou em sua fala testamentária.[13] Mas isso não nos diz "aquilo a que terá sempre estendido a pintura da vida na ausência contaminada da morte".

---

13. "Prefiram sempre a vida e afirmem incessantemente a sobrevida." Cf. *Rue Descartes*, n. 48, *Salut à Jacques Derrida*, Paris, PUF, 2005, p. 6.
Jacob Rogozinski evoca essas palavras em *Faire par cryptes de Derrida*, Paris, Lignes, 2005, p. 36.

II
O percurso

Depois de ter tornado conhecido – nos primeiros anos de sua carreira – o "pensamento central" que acabamos de descrever, Derrida se dedicou, no curso de uma longa série de viagens, de conferências, de encontros e de livros que são rastros e testemunhos retrabalhados dos precedentes, a expor esse pensamento de alguma forma na cultura: a descrever a cultura, no duplo sentido da descrição e do percurso, pelo ângulo desse pensamento central. O que queria ainda dizer: pôr em evidência seu pensamento central como já pensado na cultura que percorria. Como não sendo em absoluto seu pensamento, o fruto de seu regozijo especulativo, mas, em vez disso, o processo que se reproduz incessantemente no pensamento consignado, disponível e digerido no Ocidente.

Poder-se-ia dizer que Derrida escreveu o esboço geral de uma enciclopédia da desconstrução, percorrendo novamente os caminhos da cultura ocidental para nela manifestar a obra desconstrutora. Decerto era preciso que Derrida acrescentasse aos documentos a arte de sua leitura para chegar a essa manifestação. Mas o processo da desconstrução, se obtinha pleno êxito em suas descrições e percursos, aparecia a cada vez tanto como o do documento quanto como o de sua leitura.

Resulta dessa odisseia que conhecer esse pensamento, no sentido do conhecimento filosófico, é também apreender algo acerca de tal percurso. Tanto quanto seu debate com a racionalidade, a circulação cultural de Derrida faz parte da identidade nocional da filosofia da desconstrução. Que as referências e os significados se desmintam e se desmontem, isso não pode, com efeito, ser entrevisto como um dado: não se pode assistir à "deriva" originária de qualquer existente denotado ou de qualquer sentido expresso. Uma ou outra dessas derivas "passa por" um desenvolvimento dos conteúdos que sempre acontece nesse ou naquele lugar do oceano cultural, requisitando sempre certa participação do leitor: para as vias da "deriva" serem percebidas, seguidas, isso depende da finura e da abertura da atenção semântica.

Por tais razões, tentaremos dar uma ideia da circulação derridiana, sem a menor pretensão de exaustividade: os lugares percorridos por Derrida – cujo número de volumes publicados em diversas línguas deixa adivinhar a diversidade e a dispersão – foram excessivamente múltiplos para que o autor da presente obra possa pretender visitá-los todos com ele. Mas esperamos que nossa escolha de exemplos seja suficientemente significativa.

A psicanálise

Um primeiro domínio se impõe com bastante naturalidade se recomeçamos a partir da atmosfera dos anos 1960 e 1970, de onde tudo proveio, vale lembrar. Creio ter sido Paul Ricœur que tornou célebre a expressão *filosofia da suspeita*, com a qual ele unificava os ensinos de Nietzsche, Freud e Marx: essa expressão designava um deslocamento de perspectiva – induzido pelos autores em causa – que afastava a filosofia de seu idealismo usual, para envolvê-la num corpo a corpo combativo com o mundo concreto.

Entre esses três autores, Freud desempenhava um papel privilegiado, porque era o único a não ter assumido as vestes do filósofo, e porque, tornando-se atento a sua mensagem, o pensamento francês pensava acolher a denúncia da subjetividade em sua dimensão predileta: a intimidade sentimental. Além disso, a época em questão foi a da extensão quantitativa do mercado da psicanálise, e isso conta em nossa paisagem. Em todo caso, o apelo generalizado a Freud, nesses anos já distantes mas sempre presentes, não era separável de uma orientação geral de subversão da ordem antiga. Prova isso, especialmente, o que na época chegou-se a chamar de "freudo-marxismo", que consistia numa tentativa de receber as proposições intelectuais de Marx e de Freud como convergentes ou como mutuamente colaborativas. Encontra-se, aliás, uma mobilização da psicanálise freudiana e um debate com ela ao mesmo tempo em Deleuze e em Lyotard, para citar dois outros nomes do mesmo momento filosófico.

Acrescentemos ainda que a situação na qual Derrida interveio ficou mais complexa com um elemento igualmente essencial, ou seja, a emergência no decorrer do mesmo período de uma nova versão, em termos muito inovadores, da doutrina freudiana: falo naturalmente do trabalho de Lacan e da maneira como contou para a opinião filosófica de então. Na época, a reformulação lacaniana das teses freudianas não apareceu apenas como dando acesso ao procedimento teórico e prático da psicanálise em sua mais autêntica radicalidade: por isso mesmo, foi também percebida como uma contribuição filosófica. Naqueles anos, filósofos acompanharam o seminário de Lacan com o sentimento de que este fazia mais filosofia (viva) do que na Sorbonne: sentimento que expressa por si só a atmosfera da época.

Portanto, é evidente a importância da maneira pela qual a desconstrução percorreu o lugar da psicanálise. Será, contudo, difícil resumir a intervenção derridiana no domínio. Digamos, para começar, que Derrida não se serviu em absoluto dos textos e dos conceitos psicanalíticos como de uma cultura disponível e compartilhável no mundo onde falava, propícia à formulação de visões que se poderiam qualificar como "antropológicas". Quando convoca um elemento da cultura psicanalítica, no curso de um de seus desenvolvimentos, ele se refere com mais frequência a sua leitura do tema e à elaboração dada do que à fonte freudiana ou lacaniana diretamente (isso ocorre, por exemplo, quando fala do luto, com o propósito de evocar o jogo conjunto da interiorização e da incorporação).[1]

Dito isso, seu procedimento não poderia ser puramente neutro com relação à psicanálise, porque, evidentemente, a "tese" da psicanálise parece preparar a desconstrução e torná-la possível. *Grosso modo*, o olhar psicanalítico é um dos que contextualizam nossas performances significantes e textuais: descentram nossa mensagem, com relação ao objeto da presença – sobre o qual pretendemos testemunhar – ou com relação ao sentido a que temos a impressão de aderir. Sabe-se que uma leitura psicanalítica (talvez "selvagem") de uma mensagem não a entenderá como falando do objeto de que pretende falar, nem avaliará a significação de conjunto como o enunciador o faria.

Ainda mais radicalmente, para muitos leitores no período de popularização desses pensamentos, a psicanálise lacaniana pôde parecer dizer a mesma coisa que a desconstrução: de forma sumária, que a subjetividade nada mais era do que um efeito vacilante na borda de uma trama significante e que a existência humana era

---

1. Cf. Jacob Rogozinski, *Faire part cryptes de Derrida*, op. cit., p. 7-45.

existência desejante, voltada para uma alteridade inexpugnável, a alteridade do inconsciente. O pensamento lacaniano também remetia o sujeito à ausência do Outro, denunciando qualquer ilusão segundo a qual as significações ou os objetos estariam presentes e em nossa possessão. De fato, esse efeito de proximidade e de reconhecimento especular entre lacanismo e derridianismo funcionou plenamente, determinando mesmo uma mistura das duas comunidades, observável em certa estabilidade, durante várias décadas. Mistura esta que foi, aliás, exportada, a ponto de se poder reencontrá-la atualmente, cheia de entusiasmo e saúde, nas palavras do jovem australiano, norte-americano ou sul-americano, adepto do coquetel Lacan/Derrida.

Derrida não deixou, evidentemente, de reconhecer a dívida da desconstrução em relação a Freud e à psicanálise ou de encorajar as análises dos conceitos-chave de Lacan, em convergência com seus pontos de vista. Ele encenou "politicamente", se quiserem, a consonância e a solidariedade com o movimento psicanalítico, especialmente o lacaniano. Entretanto, é interessante constatar que, quando precisamente se observa o que diz das doutrinas e dos procedimentos de Freud e de Lacan, sobressai-se mais nitidamente a "retomada" por Derrida do motivo clássico da reticência filosófica. A diferença seria que, noutros casos típicos dessa reticência (penso sobretudo em Sartre), o filósofo objeta ao pensamento do inconsciente que este subestimou sua necessária relatividade numa perspectiva da consciência. Já em Derrida, o filósofo objeta que a psicanálise não se preocupou o bastante em proibir, desalojar e desativar o engodo da presença. De forma que, em Derrida, a filosofia se dá como mais radical do que a psicanálise e não como mais conservadora.

Tentemos verificar essa relação com a psicanálise no texto "Especular 'sobre' Freud", incluído na coletânea *O cartão-postal*.[2] Nele, Derrida comenta Freud do ponto de vista de várias fronteiras impossíveis: por um lado, a que existe entre psicanálise e filosofia; por outro, as que existem entre princípio de prazer e princípio de realidade, princípio de vida e princípio de morte. Ele o faz a favor de uma leitura de *Além do princípio de prazer*[3], livro célebre em que Freud elucida a noção-chave de pulsão de morte, especialmente a partir da constatação clínica da "tendência à repetição".

Como a maioria das glosas derridianas, esse artigo, por seu itinerário, gera a forte sensação de projetar em Freud um problema que lhe seria estranho: justamente o da *fronteira impossível*, motivo obsessivo da tessitura conceitual de Derrida. De qualquer modo, na perspectiva da desconstrução, tratando-se ou não de psicanálise, cabe mostrar que as divisões apresentadas ou encenadas pelos discursos não funcionam. O que é separado e posto à distância é ao mesmo tempo superposto, misturado com aquilo de que, em princípio, foi separado; alojado, com ele, no indiscernível e indestrutível da origem (a qual, além do mais, falta). Ademais, dizer o impossível acerca da ausência e da presença, ou da fala e da escritura, não é o "fundo" do pensamento desconstrutor?

Com relação a esse assunto da fronteira, Freud oferece então uma simples ocasião? O *Além* de seu título afirma e reivindica um isolamento, que será finalmente o

---

2. Cf. Jacques Derrida, "Spéculer 'sur' Freud", in *La Carte postale*, Paris, Aubier/Flammarion, 1980, p. 277-437. [Ed. bras.: *O cartão-postal: de Sócrates a Freud e além*, trad. Simone Perelson e Ana Valéria Lessa, Rio de Janeiro, Civilização Brasileira, 2007.]
3. Cf. Sigmund Freud, "Au-delà du principe de plaisir", trad. S. Jankélévitch, in *Essais de psychanalyse*, Paris, Payot, 1968. [Ed. bras.: *Além do princípio de prazer*, ed. Standard das Obras Psicológicas Completas de Freud, Rio de Janeiro, Imago, 1976. v. 18.]

da pulsão de morte, separada, pelo processo do livro, das pulsões de vida, do movimento do *Eros*. E ele faz, ao mesmo tempo, o jogo de uma proximidade conjurada, com o pôr à distância: a proximidade da psicanálise e da filosofia, pois esse *Além* se harmoniza com o *Mais além de bem e mal*, de Nietzsche; a palavra alemã *jenseits* comparece nos dois títulos.[4] Com efeito, Freud – e Derrida percebe isso – reconhece abertamente sua convergência para com a filosofia, ao tempo em que garante não ceder ao canto da sereia. Bem se vê como Derrida se conecta com a doutrina freudiana para nela introduzir o cavalo de Troia da fronteira impossível. Mas não se entende imediatamente em que o cerne do caso freudiano seria encontrado com uma tal introdução. Seria tão importante, traria grandes consequências observar que a divisão entre as pulsões de vida e as pulsões de morte, ou aquela entre princípio de prazer e princípio de realidade, colocada anteriormente, ou, finalmente, entre a psicanálise e a filosofia jamais poderão ser definidas e fixadas de maneira estável e definitiva?

Em última instância – como em cada uma das trajetórias tangenciadas por Derrida nos lugares que visita –, vê-se, contudo, emergir uma interferência profunda das observações do desconstrutor no que está em jogo nos textos que lê: essencialmente, Derrida sustenta que Freud, na verdade, jamais produz uma exterioridade pura. O princípio de realidade nada mais é do que o princípio de prazer comprometido com as vias do retardo no futuro – da *différance* – a fim de (re)encontrar, na saída de um tratamento do mundo, o prazer de que se lembra. O princípio de vida, ou *Eros*, não se opõe ao princípio de morte, *Tânatos*, senão como seu modo "interno" ou "próprio": querendo a vida, o prazer e a realidade, o psico-organismo

---

4. *Jenseits des Lusprinzips* (Freud) e *Jenseits von Gut und Böse* (Nietzsche).

quer também a morte e a anulação derradeira de todas as tensões, mas o quer segundo seu próprio caminho, através de etapas e modalidades próprias.

Portanto, com efeito, o motivo da fronteira impossível permite "ler" articulações fundamentais do texto freudiano. Mas permite também, em última instância, depreender um acento crítico ou uma requisição de radicalidade, que vai além do ensaio de Freud. Derrida tende a dizer, efetivamente, que o próprio Freud não vê como o incompartilhável se liga: permanecendo preso à ideia de uma distinção a ser decidida, de uma resposta com sim ou não a ser dada à questão que indaga se o princípio de realidade se separa do princípio de prazer como um outro, ou se existe, "além" do princípio de prazer, algo que não é mais ele em absoluto, Freud fica sem conseguir se decidir, sem saber declarar a instância pela qual passa a conjunção indestrutível, nem formular a economia por meio da qual esta se realiza.

Derrida nomeia duas instâncias desse tipo, duas figuras que dão conta do indecidível tangenciado por Freud e abalado por ele: o *próprio* e a *mestria*.

O *próprio*: se o que foi dito anteriormente – e que Freud leva em consideração – é verdadeiro, se nossa orientação vital, erótica, visa também à morte e apenas quer, contra a pulsão de morte, impedir que venhamos à anulação final por um atalho, então o arquiprincípio que comanda tudo é o próprio. Querer a vida, querer a morte através da vida, empurrar para a vida ou empurrar para a morte são apenas modos de desejar o próprio, de tender de forma mais ou menos adequada ao próprio. Mas apenas a desconstrução e Derrida "sabem" ou sabem dizer que o desejo do próprio é sempre, como tal, "entregue" à exapropriação: querendo o próprio, reconheço meu distanciamento da propriedade, da autoapropriação, pois o esforço ou o impulso tendo em vista o próprio são, ao mesmo tempo ou tanto quanto, os geradores de uma carreira de inautenticidade. Freud se depara com isso quando leva em conta a relação enigmática dos princípios de vida e de morte, mas não sabe falar do enigma a partir do núcleo de sentido em que reside sua necessidade.

A *mestria*: que o prazer, analisado por Freud, passe por uma ligação das intensidades libidinais, antecipando uma descarga que constitui sua atualidade, isso põe em evidência uma função de mestria que, segundo Derrida, essencialmente lhe pertence. Mas o princípio de realidade em sua distinção relativa ao princípio de prazer é compreendido em termos de mestria (posterga a satisfação para reencontrá-la mais adiante, mais tarde, o que corresponde a uma mestria de seu roteiro); e o princípio de vida, com relação ao princípio de morte, expressa também a tomada de poder capaz de garantir que a morte será a minha morte. Como ligação das intensidades, a mestria já combate o desligamento puro que seria a morte. Ela o combate, mas também pode favorecê-lo, indo mais adiante, em outrem, como quando se expressa enquanto controle sádico do objeto pretensamente sexual. Mais uma vez, Derrida e a desconstrução são os únicos a poder explicar em que e como a mestria já foi desmentida na falta de poder e no abandono, porque pressupõe o si mesmo como um outro a reconquistar, envolvendo, portanto, também um "deixar o si mesmo afundar na alteridade".

As figuras, os nós de sentido que comandam mais radicalmente a indecidibilidade do além de *Além do princípio de prazer* escapam a Freud, e isso é o mais decisivo no que ensina a desconstrução ao percorrer o legado freudiano. Por conseguinte, a despeito da atenção amorosa e respeitosa, perceptível na reflexão de Derrida, e a despeito dos efeitos de inteligibilidade acerca da conceitualidade analítica, que a leitura desconstrutora não deixa de produzir, no final das contas, a psicanálise aparece – por não ter controlado sua relação de interioridade indestrutível com a filosofia – como incapaz de dar conta da justa compreensão do *além*, da impossível divisão entre princípio de prazer e princípio de realidade, princípio de morte e princípio de vida.

Tudo isso quer dizer também que Derrida terá percorrido a psicanálise sem jamais pressupor que não há nenhuma distância epistemológica que impeça de tomar diretamente seu objeto ou seu discurso como sendo, ao mesmo tempo, o da filosofia. Todo o debate precedente – antes de concluir acerca da falta de radicalidade da especulação freudiana – teve como certo que os termos da discussão, o prazer, a pulsão, a vida e a morte, eram, enquanto objetos teóricos, igualmente acessíveis e compreendidos pela psicanálise e pela filosofia: estas podiam manter uma discussão franca e transparente a esse respeito. De modo que Derrida repete a desaprovação filosófica clássica da psicanálise pela filosofia, na medida em que tal desaprovação procede sempre de uma pretensão da filosofia de poder melhor determinar e descrever um tema ou um objeto que ela reconhece de antemão como seu. Em nome de tal pretensão, ao considerar a psicanálise, ela reivindica o fato de poder tratar, de outro modo e melhor, segundo outro método, esse tema ou esse objeto, que deve ser antes do mais reconhecido como da filosofia. E ela retifica o preconceito, o erro em questão.

Embora seja bastante surpreendente e paradoxal à primeira vista, o que acabou de ser posto em relevo pode ser reencontrado no tratamento derridiano da psicanálise. A surpresa e o paradoxo derivam de que, como dissemos anteriormente, a doutrina lacaniana pode parecer, num primeiro nível – de fato parece, vendo tudo a certa distância –, infinitamente próxima dos enunciados diretores do pensamento derridiano. A ponto de sua conjunção, por vezes na boca dos próprios, produzir um efeito de reforço e de harmonia, se considerado positivamente; de redundância, caso se vá no rumo da irritação.

Creio, no entanto, que Derrida fala do ensino de Lacan exatamente como fala do de Freud: no tom do espírito que vem depois, falando a partir da posterioridade da verdadeira filosofia – ou seja, especialmente a partir da ruminação problematizadora dos textos –, encontrando-se assim apto a mostrar que Lacan está em falta com aquilo de que mais essencialmente se trata. De forma correlata, é constantemente pressuposto que Lacan não terá podido visar a um conteúdo ou a uma questão que a filosofia não possa abordar diretamente, não conhecendo tanto ou já como seu: não há "distância epistemológica" entre psicanálise e filosofia.

Pode-se dar uma ideia exata da maneira como se traduz, no caso, essa postura, evocando outro texto de *O cartão-postal*, intitulado "O fator da verdade", em que Derrida comenta o seminário sobre "A carta roubada" (o conto de Edgar Poe), de Lacan.[5] Nesse texto, o primeiro do volume dos *Escritos*, na verdade Lacan expõe essencialmente sua concepção do automatismo de repetição, por meio de um engenhoso comentário matemático de uma suposta sequência arbitrária de + e de –. Mas ele estuda também o itinerário da verdade, a partir do célebre enredo do conto, que gira em torno de uma carta comprometedora para uma rainha; carta esta roubada por um ministro a fim de ter poder sobre a majestade, mas em seguida recuperada engenhosamente pelo detetive Dupin: e é isso que interessa sobretudo a Derrida. Quanto a nós, vamos escandalosamente sobrevoar o

---

5. Cf. Jacques Lacan, *Écrits*, Paris, Seuil, 1966, p. 11-61. [Ed. bras.: *Escritos*, trad. Vera Ribeiro, Rio de Janeiro, Zahar, 1998.]

capítulo de Derrida, ignorando as sutilezas, o itinerário e a contextualidade complexos, para reter apenas um movimento, um gesto.

Nesse ensaio, Derrida reage, paralela e simultaneamente, a três níveis da mensagem lacaniana: 1) a certa concepção da verdade formada por Lacan, a partir do axioma de sujeição do sujeito ao significante; 2) à função implicitamente reservada à literatura pelo procedimento lacaniano; 3) a certa ideia do significante.

Lembremos rapidamente que, em Lacan, o inconsciente é visto como a estrutura de uma rede de significantes: cada um é uma expressão linguística dotada de valor, decerto no sentido de Saussure, mas representa, além disso, um sujeito para outro significante. A enigmática instância do sujeito se apega de maneira vacilante a esses significantes, os quais, a um só tempo, representam, ocultam e remetem o sujeito a um outro na rede. As trajetórias na rede, que resultam dessas remissões, são as aventuras de nosso desejo.

No conjunto do capítulo de Derrida, o que sustenta a maior ênfase talvez seja a retificação do erro cometido por Lacan em relação à literatura. Segundo Derrida, Lacan instrumentaliza o texto literário de Poe para que diga o ensino sobre o sujeito e o significante que tem em vista. Lacan age como se faz num procedimento científico, privilegiando sempre o conteúdo de verdade suscetível de ser extraído da montagem ficcional e literária. Derrida se apega a estabelecer esse ponto, sublinhando a opção restritiva do enquadramento proposto por Lacan na leitura de Poe: Lacan considera "a história" relatada no conto sem o aspecto de encenação que Poe lhe dá, ao introduzir o narrador e as condições da narração. Com efeito, o conto do escritor americano começa na sala de leitura do herói detetive Dupin, onde o narrador está com ele. O relato da anedota da carta roubada vem no cerne da relação estabelecida em Paris entre Dupin e o narrador. Derrida mostra que a omissão de tal enquadramento não é sem consequência do ponto de vista do *processo da verdade* a que Lacan quer que assistamos. O desrespeito de Lacan para com a literatura, aparentemente de natureza quase filológica, expressa, para Derrida, uma concepção demasiado simplista do eclipse do sujeito sob o significante, tanto quanto do próprio significante (concepção que relatamos sucintamente há pouco). Segundo Derrida, excessivamente apegado a eliminar o sujeito do comando de sua trajetória desejante, Lacan tende a atribuir ao significante um estatuto de materialidade, de positividade estrutural, de indivisibilidade e de localidade assegurada, a partir de cuja solidez tomaria a direção da flutuação e da síncope, que seria o sujeito em suas errâncias. A instância do sujeito é demitida de suas pretensões, de sua realeza, mas um crédito é dado, simultaneamente, à rede dos significantes.

Decerto, é preciso dizer, com Lacan ou como ele – e Derrida poderá dizê-lo –, que todo "sujeito" é um significado presumido ou um referente que falta ao apelo: ele assombra apenas o processo da significação e do texto, como efeito da *différance*. Mas essa inconsistência do sujeito não deve ser vista como um contraste em relação a um significante bem determinado, exercendo seu império sobre ele. O significante é incerto, inencontrável, porque é sempre variado e enquadrado pelo movimento profundo que o difere, movimento do qual a literatura é um nome tradicionalmente feliz.

Por não reconhecer isso, Lacan faz da própria verdade uma concepção dogmática e tradicional, consoante as expectativas da metafísica da presença. Uma carta sempre chega ao destino. Os esquemas da verdade/correspondência ou da verdade/revelação são ambos revalidados a propósito da aventura de circulação do significante. O significante autêntico, que governa o sujeito e o atinge com a irrealidade, aparece como uma figura da fala plena e presente a si mesma. Lacan se proíbe de compreender de maneira radical a deportação do significante e da verdade: esta última só advém no que é, ao mesmo tempo, um não advir, no curso da trajetória literária, levando a rica gama de seus deslocamentos, os quais são também os do significante em sua identidade.

Tudo isso é ligeiro demais, mas talvez se tenha compreendido o gesto que queremos caracterizar: Lacan é ainda excessivamente científico ou ingenuamente estruturalista para Derrida. Com efeito, é preciso compreender o que ele evoca com seu pensamento do significante, do grande Outro, do sujeito, como o "desarranjo" originário da referência e da significação ensinados pela doutrina da desconstrução, quando esta proíbe ao discurso a fixação em entidades externas ou a articulação unívoca de um conteúdo de pensamento a propósito de tais entidades. Segundo Derrida, Lacan não está à altura metodológica desse motivo. Este exige a paciência de análise conceitual e de sensibilidade filológica, cuja escola é exatamente a filosofia. Lacan tende a encontrar esse motivo "pronto", suficientemente instalado, seja de maneira alegórica, por uma narração, em determinado lugar, de um texto do qual se pode extraí-lo, seja de maneira científica, pela linguística estrutural. De modo que ele "naturaliza" e "positiva" aquilo de que apenas a desconstrução fala corretamente, deixando-o suspenso entre natureza e cultura, positividade e negatividade, presença e ausência.

Marx e a política radical

Um segundo lugar se impõe como domínio de prova para uma travessia derridiana, lugar para o qual, novamente, um "filósofo da suspeita" serve como emblema: Marx. Mas o melhor nome para esse lugar seria o da política radical: é finalmente dela que se trata "sempre", ou, antes, é ela o mais importante no caso, acerca de que se manifesta o apego de Derrida ao longo de seu percurso. Isso não quer dizer que o nome de Marx se veja apagado ou mesmo eclipsado: por mais que se distancie dele em sua maneira de se colocar e se definir, para Derrida, a política radical continua vinculada a Marx. O que devemos examinar é, portanto, como Derrida, lendo e herdando filosoficamente Marx, ao mesmo tempo toma posição perante a política radical.

Quando o *French Thought* estava em pleno vigor, nos anos 1960 e 1970, Derrida parecia o menos político de seus autores. Isso era visto segundo diversos parâmetros, talvez irrelevantes, mas julgados como suficientes na época. Derrida se ocupava muito mais da história da filosofia do que Foucault, Deleuze e Lyotard: colaborar às vezes na preparação do concurso de magistério na Escola Normal Superior parecia a esse respeito como coerente e significativo de sua personalidade. Mas o mais importante é que Derrida dizia incessantemente que as coisas eram menos simples do que desejaríamos supor. De modo mais exato, sua filosofia denunciava precisamente essas divisões definitivas que estabelecemos para distinguir e opor a má rigidez do velho mundo e a potência nova da subversão. Derrida parecia sempre recusar nosso esquerdismo: cabia negar que fizesse sentido escapar de uma vez por todas à lei, à sintaxe, ao interdito. Em suma, Derrida fazia antecipadamente, à sensibilidade esquerdista libertária proveniente de 1968, o mesmo que Bernard Henri Levy e a nova filosofia, antes da notoriedade de Soljenitsin e o declínio do marxismo universitário.

Apreendemos um testemunho dessa atitude derridiana na polêmica que o opôs a Foucault, acerca de Descartes e da loucura. Num artigo de sua coletânea de 1965, *A escritura e a diferença*[6], Derrida contesta a leitura "política" realizada por Foucault das *Meditações metafísicas* de Descartes, leitura esta que o levava a ver, na despedida da loucura pela nova filosofia cartesiana – à saída da "dúvida" preliminar metódica –, um gesto equivalente ou premonitório, em sua ordem, do grande enclausuramento dos loucos na idade clássica. Derrida faz questão de mostrar que a loucura é, na verdade, enfrentada por Descartes em sua possibilidade mais radical e que a essência da racionalidade entronizada por ele não pode deixar de carregar sua marca. Segundo Derrida, o veredito reluzente, que assimila Descartes ao grande movimento repressivo da modernidade, não se sustenta, é demasiado simples.

Na verdade, para nosso autor, como vimos, as construções racionais não afastam nunca, simplesmente e sem mais, o que declaram banir: a tarefa da desconstrução é despertar a ambiguidade no dito racional, o elo com o hóspede inassimilável. Se permite denunciar o progressismo aparente, o elã de liberdade com ares de libertação do fardo obscurantista e tradicional, essa maneira de ler impede também estigmatizar de modo unívoco os textos considerados "reacionários", nos quais se pretende cortar qualquer conexão com o desejo, o subversivo, o livremente insensato, etc.

A objeção de Derrida – aliás, formulada de maneira respeitosa e benévola, mas isso agravava a situação – assumia, portanto, o valor e as feições de uma proibição de andar em círculos por parte de nossa dança esquerdista, excitada pela ideia de um desgarre absoluto, que não traria do passado senão a fluidez louca até então

---

6. Cf. Jacques Derrida, "Cogito et histoire de la folie", in *L'Écriture et la différence*, op. cit., p. 51-97. [Ed. bras.: "Cogito e história da loucura", trad. Pedro Leite Lopes, in *A escritura e a diferença*, op. cit., p. 43-90.]

recalcada. Ou ainda, para utilizar novamente a série *The Prisoner*, evocada no capítulo precedente, um esquerdista normal assistia à série identificando-se absolutamente ao herói e interpretando o sistema hierárquico oriundo do "número 1" como o próprio mal. Ora, Derrida recusa os dois: ele tendia a ensinar que, como sujeitos, nós nos atemos tanto ao sistema quanto à tentativa sempre reiterada de fuga; ou então que o "valor" de nossas fugas era tributário do sistema e que a abertura não podia advir a este último como um ultrapasse que o abandona, deixando-o para trás.

Todavia, de modo singular, no final de sua vida e do século XX, e no início do XXI, Derrida apareceu, muito ao contrário, como aquele que, por excelência, "lembrava" e legitimava a política radical, num mundo que parecia tê-la esquecido, e cujo esquerdismo não se mostrava mais senão como um componente fraco e envelhecido. Viu-se isso, especialmente, no fato de ter se envolvido, sem reserva, no combate político contra a segunda intervenção militar conduzida pelos Estados Unidos, no Iraque, em 2003. Em função dessa causa, falou na televisão e deu conferências, além de publicar ensaios em que retomou a conceitualidade justificadora da intervenção, a fim de desmontá-la e desfazê-la. De modo que a última imagem deixada por Derrida é a de um homem solidário com a indignação de certa "esquerda" mundial, em vez da de um homem cuja digestão cética vencia toda efervescência revolucionária.

É verdade que essa intervenção não era nem tão nova, nem tão espantosa; Derrida e seu pensamento tinham há muito tempo marcado o vínculo com a contestação, pela esquerda, da sistematicidade contemporânea, da sociedade dando-se como progressista. Como dissemos no final da primeira seção, o pensamento da desconstrução também se esforçava por mensurar a "prisão" em que certa ordem mundial nos confinava. Em termos mais simples, Derrida juntou-se, com regularidade, a mobilizações sociais em geral concebidas como vinculadas, em sentido bastante amplo, à crítica do capitalismo e de suas ideologias: apoiou o movimento a favor da igualdade das mulheres – contra a petrificação dogmática que definia o papel delas –, o movimento dos homossexuais e o movimento a favor da condição animal. Do mesmo modo, jamais deixou de falar "contra" o que via como "nossa" injustiça internacional, a do Ocidente, cometida pela convicção de uma superioridade tanto espiritual, quanto técnica e militar.

Na verdade, há mesmo um episódio, ao qual seu nome está ligado, tendo assumido uma responsabilidade excepcional. Trata-se do combate pela salvaguarda do ensino de filosofia segundo a fórmula clássica nas turmas de conclusão do liceu, nos estabelecimentos franceses do ensino médio. Se lembro bem, essa mobilização, que se seguia à proposta da reforma Haby[7], preconizava o ensino de filosofia em quatro horas semanais para as turmas de conclusão, ao tempo em que se introduzia uma iniciação à filosofia nas turmas iniciais. Isso suscitou simultaneamente a criação de um grupo de pesquisa e de crítica política, o GREPH, e, na sequência, publicações coletivas[8], bem como escritos de Derrida.[9]

Parece-me que essa causa foi uma das primeiras em que a "esquerda" – no sentido bastante vasto dessa

---

7. René Haby (1919-2003), ministro da Educação de maio de 1974 a abril de 1978, nos governos de Chirac (1), Barre (1) e Barre (2), inventor do "colégio único".
8. Por exemplo, GREPH – *Qui a peur de la philosophie?*, Paris, Champs/Flammarion, 1978.
9. Cf. Jacques Derrida, *Du droit à la philosophie*, Paris, Galilée, 1990 (onde estão reunidos textos escritos entre 1975 e 1990). [Três ensaios desse livro foram traduzidos em *O olho da universidade*, trad. Ricardo Iuri Canko e Ignacio Antonio Neis; introd. Michel Peterson, São Paulo, Estação Liberdade, 1999.]

palavra, incluindo o comunismo e os esquerdismos – escolheu defender um *slogan* essencialmente conservador: ao mesmo tempo que reivindicava a exploração de novas formas de fazer e ensinar a filosofia, o movimento não tinha vergonha alguma de pregar a manutenção de uma tradição francesa um tanto gasta e abstrata, cujo valor era brandido contra o alinhamento a uma visão internacional da formação do ensino médio e da especialização universitária. Simultaneamente, esse movimento, de que Derrida foi um inspirador e um mestre de obras essencial, era-lhe bastante correspondente no plano filosófico: especialmente o militantismo a que dava lugar assumia, de modo não acidental, nem secundário, a forma da própria atividade filosófica. Em certo sentido, com seu pensamento da desconstrução, Derrida tinha ensinado que o domínio filosófico envolvia em si uma luta, a qual passava por um trabalho infinito de questionamento das modalidades da racionalidade no interior do domínio filosófico: que a agonística, à qual aderia toda política marxiana, atravessava a filosofia. Com a mobilização do GREPH, era-lhe possível mostrar, por exemplo, em contrapartida, que o trabalho da filosofia podia ser vetor do combate político "institucional".

A despeito de tudo o que acabei de dizer, persistia o sentimento geral segundo o qual, em Derrida, a política era colocada à distância e a atmosfera derridiana impedia certa virulência – como também mantinha certa cegueira teórica. Isso talvez se deva ao fato de, ao longo daqueles anos, a ideia do político, em nome da qual se avaliam os textos e comportamentos de Derrida, era dominada pela figura do dilaceramento, da fuga ou da reviravolta: como dito, tudo o que a filosofia derridiana recusava. Mas também porque Derrida está bem próximo de certo consenso razoável, o qual permitia vincular o que ele dizia a horizontes reformistas internos à democracia parlamentar, no seio dos Estados industriais capitalistas contemporâneos. No final das contas, ele parecia se abster do que era o coração ou a alma do revolucionarismo marxiano: um diagnóstico que apontava conjuntamente, no sistema capitalista, uma injustiça estrutural e uma "alienação" generalizada; diagnóstico este que apelava para a destruição desse sistema e para seu ultrapasse. Seu pensamento da metafísica da presença podia parecer retomar esse esquema, mas nem por isso deixava de denunciar a ideia de uma disjunção temporal nítida e uma separação clara entre o antes do velho mundo e o depois do novo mundo.

Há de fato um mistério acerca do elo de Derrida com a política radical: é preciso compreender, ao mesmo tempo, o que o distanciou dela "na origem" e o que lhe permitiu tornar-se um de seus melhores propagandistas "na chegada". Defenderei aqui que Derrida é um dos autores por meio de cuja reflexão se efetuou a passagem de uma política radical ligada a uma avaliação ontológica do mal capitalista – política esta produzindo-se como vontade absoluta de construção de um mundo regido por leis completamente diferentes – para uma política radical resistente, que joga um duplo jogo significativo em face do absoluto e do relativo.

A "reversão" de um modelo a outro pode ser muito bem lida no documento maior que é a obra *Espectros de Marx*, de Derrida.[10]

Nesse livro estranho, como ele mesmo confessa, Derrida não fala tanto do "espectro" que, nas primeiras linhas do *Manifesto comunista*[11], se declara assombrar a

---

10. Cf. Jacques Derrida, *Spectres de Marx*, Paris, Galilée, 1993. [Ed. bras.: *Espectros de Marx: o Estado da dívida, o trabalho e a Nova Internacional*, trad. Anamaria Skinner, Rio de Janeiro, Relume/Dumará, 1994.]
11. "Un spectre hante l'Europe: c'est le spectre du communisme", Karl Marx, *Œuvres: Economie I*, trad. M. Rubel e L. Evrard, Paris, Pléiade/Gallimard, 1965, p. 161. [Na ed. bras.: "Um espectro ronda a Europa

Europa. Não se pode nem mesmo dizer que a reflexão sobre a noção de espectro que se encontra nos *Espectros* é organizada principalmente em torno dos filosofemas marxianos. A relação de Hamlet com "seu" espectro desempenha um papel no mínimo igual, numa elaboração que parece, posteriormente, distribuir-se essencialmente entre dois polos: por um lado, retomando a concepção fundamental de uma ausência que impregna o plano humano das coisas a ponto de nada lhe ser isento, Derrida nomeia "espectro" essa face aniquiladora do espírito/da cultura/da experiência, acabando por rebatizar como "assombrologia"* o pensamento "após" a ontologia, cuja trilha intenta abrir, esse pensamento mesmo que se chama, de forma mais clássica, de desconstrução. Do outro lado, exercita a reformulação das exigências e da postura de uma política radical em termos de Lévinas, professando uma espécie de "messianismo" desterritorializado, motivado por um "apelo" infinito à justiça para além de todo contrato.

Na verdade, o próprio Marx comparece de duas maneiras, a despeito do que parece indicar esse quadro, do qual, como se vê, ele está ausente.

Em primeiro lugar, Derrida traz elementos de leitura que ligam o pensamento de Marx ao problema "assombrológico", mostrando que a teoria do valor de troca, e de sua oposição ao valor de uso, apresenta o primeiro como abstração fantástica, vindo, com seu próprio movimento, substituir a atividade concreta dos homens e suas relações sociais. Sabemos que esse discurso de Marx se

---

– o espectro do comunismo", Karl Marx e Friedrich Engels, *Manifesto do Partido Comunista*, trad. Marco Aurélio Nogueira e Leandro Konder, 14ª ed., Bragança Paulista, Ed. São Francisco, 2008, p. 65.]

* O termo francês é *hantologie*, formado por *hanter* (assombrar) e *ontologie*. Assombrologia seria o neologismo derridiano para desconstruir a ontologia clássica. [N.T.]

prolonga, em sua obra, na famosa visão de uma economia capitalista em que o trabalho morto, que é o capital, domina o trabalho vivo, que é a força vendida pelo proletariado, de tal forma que "o morto se apossa do vivo". O discurso marxiano, no caso, pode ser entendido como homólogo à descrição derridiana de um parasitismo estrutural da presença pela ausência.

Num procedimento comparável, Derrida retorna, com sutileza e penetração, à maneira como, em *A ideologia alemã*, Marx realiza o que nele se chama de "crítica da religião" (comenta especialmente a crítica de Stirner por Marx): este mostra que a religião é uma montagem representativa, proveniente das relações concretas do mundo humano, expressando a expropriação da vida dos dominados e endurecendo-a na autoridade infinita de entidades fictícias hipostasiadas. Derrida justifica Marx quanto à evidência do caráter "poroso" de nossa esfera humana, sempre já comprometida e mesmo adjudicada a instâncias ausentes, que não podem ser verificadas. E pode validar – momentaneamente – a suspeita crítica, que se exerce sobre nossas instituições, sobre nossas crenças e sobre as justificativas assumidas abertamente por umas e outras: crítica conduzida com o fito de abalar e de desestabilizar tais crenças, a fim de trazer à visibilidade, no final das contas, a infraestrutura de um sistema em que se realiza a fuga irresistível da presença em nossas vidas.

O momento em que Derrida para de seguir Marx e de lhe dar razão é aquele em que este contrasta a perda e a alienação – em curso em nosso mundo – com uma práxis solidária desalienada, projetada no passado ou no futuro, desenhando um mundo da presença jamais lograda, da presença que jamais perde força e sentido, em proveito de uma representação. Para Derrida, quando Marx segue esse caminho, faz o jogo de uma ontologia necessariamente "metafísica", em nome da qual apenas se encontra denunciada a rede da perda, da ambiguidade e da impregnação espectral que é o mundo. Em suma, Derrida repreende Marx por ser também um caçador de fantasma, desejoso de conquistar para a humanidade um imediatismo sem espectro, e por não ser apenas o cúmplice e o instigador da ameaça que o espectro do comunismo faz pesar sobre a Europa.

Contudo, a despeito de tudo isso, Derrida não esquece de proclamar uma dívida da desconstrução em relação ao marxismo. Era realmente preciso que Marx tivesse conduzido seu trabalho crítico, exibindo os andares ocultos nos edifícios representacionais e fazendo aparecer sua correspondência com relações diretamente operatórias no campo econômico, para que nossos olhos começassem a se abrir em face da ilusão maior: a de manter em presença o correlato do que dizemos e pensamos. Portanto, Marx deve ser saudado como pai fundador e iniciador implícito da desconstrução, como condição de possibilidade para ela, de um modo análogo, no caso, ao que se declara acerca de Freud. Trata-se, no fundo, simplesmente da recuperação pela desconstrução da "filosofia da suspeita": Derrida assume essa herança.

Mas dizíamos que Derrida cruza com Marx de uma segunda maneira.

E, agora, queremos falar dessa maneira de "refundar" a política radical. A obra *Espectros de Marx*, com efeito, preenche também essa função. O elo com essa problemática principal se faz por meio de uma mediação sobre a enorme pressa em se regozijar com o anúncio da morte do marxismo e do comunismo da parte dos incensadores do "sistema": o movimento retórico do *Manifesto do Partido Comunista*, que declarava a propósito do "espectro" do comunismo: "Todas as potências da velha Europa uniram-se numa santa caçada a esse espectro: o papa e o czar, Metternich e Guizot, radicais franceses e policiais alemães"[12], encontra seu equivalente em Derrida, o qual deseja despertar o sentido do temor no cerne do que ele percebe como um consenso flácido dos jornalistas e dos ensaístas do Ocidente, em relação aos quais Fukuyama[13] se torna emblemático. Assim, Derrida quer nos impedir de enterrar a contestação marxiana e quer também manter a assombração revolucionária na morte de que nossa vida se reveste.

Para isso, ele começa com uma espantosa "constatação" acerca do estado do mundo, detalhado numa série de dez pontos nas páginas 134-9 do ensaio.* Nas próprias palavras de Derrida, tal é a série das "dez chagas da nova ordem mundial": desemprego, exclusão, guerra econômica, contradição protecionismo/intervencionismo, dívidas externas desesperadoras, indústria e comércio de armamento, disseminação da energia nuclear, deslocamento soberanista e arcaizante do mundo, máfia e droga, parcialidade das instituições internacionais. Esse balanço pode, é claro, parecer em princípio anódino: poderia ser endossado pelo mais razoável e menos sedicioso dos conservadores, enquanto indexação dos problemas relativos a um mundo que encontrou a formulação dos ideais e, ao mesmo tempo, seu modo de regulação, na democracia parlamentar capitalista. Mas Derrida não o compreende assim (não exclusivamente assim, em todo caso). É preciso ler as dez chagas como o documento que sustenta a seguinte declaração:

---

12. Citação da tradução brasileira do *Manifesto do Partido Comunista*, op. cit., p. 65.
13. Francis Fukuyama, ensaísta, economista, pesquisador em ciências políticas americano, autor de *O fim da história e o último homem*, Rio de Janeiro, Rocco, 1992.
* Na edição brasileira: p. 112-5. [N.T.]

Pois é preciso gritá-lo, no momento em que alguns ousam neoevangelizar, em nome do ideal de uma democracia liberal, que atingiu enfim a si mesma como o ideal da história humana: jamais a violência, a desigualdade, a exclusão, a fome e, portanto, a opressão econômica afetaram tantos seres humanos, na história da terra e da humanidade. Em vez de cantar o advento do ideal da democracia liberal e do mercado capitalista na euforia de um fim da história, em vez de celebrar o "fim das ideologias" e o fim dos grandes discursos emancipatórios, não negligenciemos essa evidência macroscópica, feita de inumeráveis sofrimentos singulares: nenhum progresso permite ignorar que jamais, em números absolutos, jamais tantos homens, mulheres e crianças estiveram subjugados, esfomeados ou foram exterminados na terra.[14]

A importância dessa declaração, que se apresenta como um grito, uma evidência e uma afirmação empírica, ao mesmo tempo incontestável e incontestavelmente pertinente – afirmação que, por essas mesmas razões, exige irresistivelmente o debate contraditório acerca dos pontos mencionados –, sua importância, do ponto de vista de minha tentativa aqui de compreender a "política radical" derridiana, reside, a meu ver, na reivindicação de um *pior*, como seu conteúdo mais amplo.

O que Derrida retém da política marxiana, o que ele não quer "largar" de modo algum é a ideia de que nosso mundo se encontra atormentado por um pior, independentemente do modo como suponhamos que progrida. Nosso mundo, o mundo, hoje unificado numa dominação monocolor, abriga um processo do pior, processo

---

14. Cf. Jacques Derrida, *Spectres de Marx*, op. cit., p. 141 [trad. minha – N.T.]. Na edição brasileira: p. 117.

imediatamente certo antes que se tente precisamente a menor comparação com um passado e um alhures que, no fundo, não contam. Somos capazes de ver esse processo – aparentemente, o da política, da economia e da técnica – em sua vitalidade triunfante, e nós não devemos deixar nossa visão perder de vista o pior que emana de tal processo, devemos continuar a ver a devastação do mundo e a gritá-la. Com esse pensamento, mantém-se o contato com o antigo "catastrofismo" marxista, com o *frisson* do *slogan* "Socialismo ou barbárie", mesmo se o termo "socialismo" morreu. Tal é o espectro que Derrida deseja que continue a assombrar a Europa, a assombrar toda a Europa extensiva ao mundo.

Não se deve, contudo, interpretar os comentários precedentes como a "carta branca" dada a uma política da subversão pura. Mantém-se o tipo de moderação intrínseca ao pensamento da desconstrução, que apontamos anteriormente. A política que Derrida tem em vista é, essencialmente, o combate pela perfectibilidade do mundo, dentro da lógica deste mundo, no âmbito de suas instituições; o combate por esses "progressos" – relativos ao "progressismo" – que, na intensa declaração há pouco citada, parecia não contar muito.

Na sequência da enumeração das dez chagas nas páginas 142-3*, declara, explicitamente, que tal enumeração dá vez a "duas interpretações".

Uma registra as dez chagas, mas apenas vê, a cada vez, a distância entre a realidade social e um ideal que ela já conhece em e por suas instituições democráticas: percebê--las e reconhecê-las é apenas um convite – decerto imperativo – para intervir em nossas instituições, em nome de seus valores compartilhados, a fim de remediar, progressivamente, as chagas.

---

* Na edição brasileira: p. 118-9. [N.T.]

A outra compreende as chagas como o indício comprobatório de uma insuficiência – ou mesmo de uma deficiência – alojada no coração do que conhecemos como ideal: haveria, na regra econômica permitida, no jogo da democracia parlamentar, nos conteúdos diretivos vagamente designados com palavras como liberdade, igualdade ou fraternidade, uma espécie de vício oculto. De modo implícito, é todo nosso humanismo que precisaria ser "desconstruído", com vistas à elaboração de outra democracia, mais radical, vigilante, aberta: o que Derrida chama de "democracia por vir", que não é mais mantida e medida pelas realizações históricas familiares.

Evidentemente, o que, na descrição das dez chagas, corresponde ao pressentimento de um pior em funcionamento, secretado pela lógica de nosso mundo, encontra-se nessa recusa de se instalar nos modos de perfectibilidade da democracia estabelecida, nessa vontade de tudo pôr em causa de forma "ilimitada". E é essa face – essa "interpretação" – que garante a persistência do marxismo, o qual leva a cabo a fidelidade à sua antiga denúncia "raivosa" do capitalismo.

Ora, Derrida declara que não temos que escolher uma ou outra dessas interpretações, pois o espírito que mantém certa fidelidade ao marxismo pode fazê-lo investindo as duas leituras de uma só vez, tanto quanto os discursos e as políticas delas resultantes.

Independentemente de qualquer discussão sobre a legitimidade dessa linha – e em particular sobre a esperteza lógica, que assim corre o risco de ser recomendada (uma vez que os novos militantes vão permanentemente exigir do "sistema" que integre melhorias, cujos princípios este deveria reconhecer, *e*, ao mesmo tempo, vão explicar que é incapaz disso, por razões intrínsecas) –, parece-me importante ver que, nessa breve exposição de *Espectros de Marx*, Derrida traçou perfeitamente a via seguida desde então pelos maximalismos do tipo "esquerdista", ao longo dos últimos quinze anos. Constatando a impossibilidade de assumir o "comunismo real" (na conclusão de uma longa história, que vai do trotskismo à queda do muro de Berlim, passando por Kravchenko[†] e Soljenitsin), tais esquerdistas lutam doravante contra o sistema essencialmente denunciando-o em nome de critérios avançados em sua esfera, ou mais simplesmente defendendo instituições instaladas por esse mesmo sistema. Operam uma contestação que, na literalidade do que se reivindica, é "interna". Mas, simultaneamente, continuam a veicular e transmitir a ideia de um mal absoluto e intrínseco da economia e da política, das quais tudo o que haveria a combater seria a expressão e a verificação.

Em termos de França, o que aqui pincelo explica a conivência simbólica no âmbito de uma "esquerda", que vai da social-democracia ao pós-trotskismo: numa ponta, toda ação política é explicitamente referida à primeira "interpretação" de Derrida; noutra ponta, de modo igualmente resoluto, a referência é a segunda interpretação. Se a visão de Derrida for justa, as frações da esquerda podem coabitar, superpondo-se e conjugando-se, até mesmo unificando-se, caso seja necessário: uma fraternidade política que vá de uma à outra é não apenas concebível, mas necessária. Em contrapartida, se a concepção derridiana não se sustentar, valeria mais a pena então escolher e se separar.

Ao que acabou de ser dito, cabe acrescentar um elemento que pode surpreender, mas que evidentemente tem um peso considerável. A reconfiguração da política radical, imaginada e formulada por Derrida, ganha autoridade com referência a Lévinas. Muitas vezes observado, esse ponto suscita no mundo derridiano, ao mesmo tempo, um entusiasmo e uma reticência profunda.

Queremos falar aqui do que Derrida declara acerca da justiça e do messianismo, dando a essa teoria das duas interpretações das dez chagas, de certo modo, um horizonte infinitário.

Para falar a verdade, é, em si, espantoso que o pensamento da desconstrução "se autorize" com o que quer que seja.

Por um lado, autorizar-se com Lévinas, por exemplo, parece dar crédito a esse momento da responsabilidade intelectual pessoal em que se opta de modo contingente por essa ou aquela tese, essa ou aquela linguagem: ora, em vez disso, a perspectiva da desconstrução parece pôr em questão qualquer ideia de posse por nós daquilo que defendemos, garantindo-nos uma guarda do sentido emitido a partir de nós, em sua identidade antecipada e conhecida por todos.

Por outro lado, autorizar-se com Lévinas é – algo ainda mais estranho para esse pensamento – reconhecer uma autoridade fora de si: mas não parece muito ortodoxo, do ponto de vista da desconstrução, tomar uma fonte de sentido como algo suficientemente estabelecido e unívoco em si mesmo, a fim de que um reforço de sentido possa nos vir da remissão a essa fonte externa.

Contudo, estimo que é assim mesmo que se deve nomear o que Derrida faz, nessa fase tardia de seu pensamento.

Ele designa a justiça como aquilo para que toda "desconstrução" trabalha, sendo, enquanto tal, o indesconstrutível. Ademais, compreende essa justiça como um "todo outro" [*tout autre*], escapando, por princípio, a qualquer apropriação, a qualquer apreensão adequadamente perfeita. Por conseguinte, esse "todo outro" se situa necessariamente mais além de toda legalidade social adquirida, além do direito vigente e dos princípios políticos reconhecidos. Podemos, portanto, contestar os funcionamentos, convenções e tendências de nosso mundo democrático, em nome de tal justiça "infinita". Isso implica nos referirmos não à democracia atual como moldura, mas à "democracia por vir" como figura de tipo messiânico: sempre por esperar e almejar, embora jamais presente, além de desprovida de formas características disponíveis. Derrida justifica, portanto, a segunda interpretação das dez chagas, a que transmite a herança marxista, com essa justiça messiânica. Compreende-se bastante bem o elo com o procedimento da desconstrução.

A minúcia analítica e filológica da desconstrução trabalha com os textos recebidos, a fim de mostrar que neles são elaboradas distinções que reconduzem à ilusão metafísica, dando crédito a uma "realização" da presença e descreditando relativamente falsas aparências, tidas como nocivas. No espírito de Derrida, essa operação metafísica decerto coincide sempre com a operação ideológica por meio da qual uma configuração social e histórica tenta passar seu regime como o universal, o verdadeiro e o bem. A desconstrução desmonta esse procedimento, demonstrando a falha da pretensão metafísica e o caráter infundado das expectativas técnicas da desvalorização da parte ruim. Ela o faz ao ressuscitar o contexto, ao estabelecer o mapa dessa justiça situada, limitada, interessada, que funciona como referência no caso.

Derrida concede que ela só pode fazer tudo isso no apego silencioso a uma justiça infinita, que não rejeitaria a parte ruim, nem impediria a afirmação e a efetivação de nenhuma conduta singular por causa de sua inessencialidade: por exemplo, não desqualificaria *a priori* as mulheres, nem a sexualidade homossexual, etc.

A relação com Lévinas passa aqui pelo uso da palavra *justiça*. Sabe-se que Lévinas opõe em sua obra de maturidade relação ética e justiça. Na relação ética, encaro o rosto e tomo conhecimento de que lhe devo tudo, entrando numa obrigação infinita para com outrem. A justiça se torna necessária e começa quando encaro (e a meu modo, qualquer um) vários outrens, um outrem e ao menos um terceiro, de forma tal que coloco o problema sem prejudicar um outro. A teoria desse problema é a justiça, que avalia os diversos deveres e define um direito universal com todos os recursos da linguagem, da lógica e do conhecimento, recursos estes que, ao contrário, não tinham nenhuma pertinência para experimentar e compreender o infinito da obrigação ética, fundamental na relação dual.[15]

Tal é, no final das contas, o pensamento da justiça legado por Lévinas. Ele associa a justiça à elaboração intelectual de um direito, a algo como um "cálculo" coletivo e comparativo das obrigações, das penalidades e das licenças. A justiça de Lévinas, para falar em termos derridianos, se encontra muito longe de estar do lado do incalculável. Ela não procede do "todo outro", mas se exprime sempre num conjunto de estipulações efetivas, numa das legalidades histórica e geograficamente situadas, que a desconstrução toma como alvo.

A despeito dessa inversão ou perversão do motivo levinasiano, Derrida retoma efetivamente algo do dispositivo de Lévinas nesse desvio mesmo: há de fato, em Lévinas, uma oposição entre o registro "incalculável", indexado ao todo outro, e um registro do "direito positivo", da legalidade historicamente consignada. Mas, em Lévinas, os termos dessa oposição são: 1) por um lado, a ética pura ou propriamente dita, o registro da obrigação ética na relação originária dual; 2) por outro lado, a configuração da justiça

---

15. Cf. Emmanuel Lévinas, *Autrement qu'être ou Au-delà de l'essence*, Haia, Nijhoff, 1974, edição de bolso, p. 239-53 (seção "Du dire au Dit, ou la sagesse du Désir", cap. V, 3).

em seu conjunto. Derrida faz, portanto, sua justiça infinita indesconstrutível desempenhar o papel do rosto, fonte de obrigação. A convergência se efetiva especialmente em torno e a favor da determinação do *todo outro*: para Derrida, a justiça infinita é da ordem do todo outro, "como" o rosto no esquema de Lévinas.

Essa recondução-distorção do motivo levinasiano se dá como fundada e justificada pela própria linguagem de Lévinas, que, na primeira época de seu pensamento, nomeia, conjuntamente com a palavra "justiça", a exigência que vem do rosto e as exigências que o humanismo do outro homem não pode deixar de dirigir à ordem social. Derrida observa esse uso e se autoriza com ele. Além disso, no fundo, não tem nem mesmo necessidade aqui do precedente e do suporte do discurso levinasiano, pois a defasagem que ele opera corresponde a sua inclinação e a sua vontade filosóficas: para Derrida, "não há" nunca situação dual, tal origem é mítica, não tendo, no limite, outra função senão localizar o todo outro indevidamente na presença. Já estamos sempre na situação coletiva, o terceiro já está sempre aí e a ética já embarcou sempre no *pronunciamento* de uma justiça.

Compreende-se que, defendendo isso, Derrida nada mais faz do que reatualizar o descrédito do plano da moral pessoal, que se impôs no momento marxista: reitera a tese segundo a qual o único desafio moral verdadeiro é o da transformação social e histórica do mundo. Deseja apenas manter distância de Lévinas no que diz respeito a todas as configurações dadas do mundo e da história, produzindo, portanto, a figura de uma "justiça infinita", que não é mais um cálculo, uma decisão, um ordenamento.

Essa fórmula messiânica de inspiração levinasiana tem como consequência uma indeterminação extrema do que é nomeado com a palavra justiça no sintagma *justiça infinita*: incorporada ao filosofema *justiça infinita*, até que ponto a palavra continua a significar justiça, de acordo com qualquer um dos conceitos capazes de a configurar? Obviamente, esse problema é transmitido ao filosofema *democracia por vir*: até que ponto a democracia por vir ainda é uma democracia?

Derrida assume essa indeterminação e, segundo penso, deseja o perigo ou a perplexidade que acabei de sublinhar. Mas, ao mesmo tempo, importa marcar aqui que toda política radical contemporânea habita esse lugar, essa postura, esse jogo: consiste exatamente em lutar por uma justiça mais além de toda justiça contratualizada, livre de qualquer codificação que a comprometeria; ou então em visar a uma democracia futura heterogênea, a ponto de poder se liberar de toda cláusula para nós determinante da democracia, até nova ordem.

O filósofo da literatura

O percurso de Derrida é também literário: a trajetória descrita pertence ao labirinto da literatura, tanto quanto à história e ao regime filosóficos do conceito. Ou, antes – porque, dita desse modo, a coisa permanece excessivamente solene ou romântica e, como tal, exterior –, Derrida conduz sua filosofia numa camaradagem nova com a literatura: são as modalidades dessa camaradagem que desejamos expor agora.

Evidentemente, o forte vínculo da filosofia com a literatura faz parte da configuração tradicionalmente estabelecida do espírito "na França": nada tem de acidental, não correspondendo de forma alguma a uma negligência ou má vontade da razão, como se poderia às vezes crer, quando se julgam os filósofos da geração de Derrida a partir de uma irritação de racionalista incompreensivo.

Os filósofos mais enraizados na memória nacional – os do século da grandeza francesa, conhecidos como propagandistas das Luzes, os faróis do século XVIII, que foram Diderot, Montesquieu, Rousseau ou Voltaire – decerto são chamados de "filósofos", mas fizeram obra literária e são ensinados nos cursos de francês do ginásio. Depois deles, um autor tão emblemático quanto Sartre, figura nacional célebre muito além do círculo filosófico, é um polígrafo, cuja pena semeia tanto o filosófico quanto o literário. Antes de tudo isso, Pascal define uma postura exemplar da inteligência para o pensamento francês, que muito diz sobre este. Embora também estudado nas séries do ensino médio, incluído no programa de *agrégation* de filosofia para o concurso de 2008, nada escreveu que pertença propriamente nem ao gênero literário, nem ao gênero filosófico. Suas únicas contribuições bem definidas seriam, no conjunto, as como matemático. A proximidade da filosofia com a literatura – chegando a definir uma possibilidade de hibridação – corresponde, na verdade, em parte na França, a uma fé num "absoluto" da inteligência que ainda não teria sido capturado por uma disciplina. Tal convicção, que habita o elitismo francês, pode pô-lo em conflito com as exigências contemporâneas de uma competição "profissionalizada". Em todo caso, a tradição francesa associa sem dificuldade um triplo valor à inteligência de Pascal: filosófico, literário e matemático (não se está autorizado a projetá-lo exclusivamente no "espírito de *finesse*" ou no "espírito de geometria").

Assim, Derrida não está sozinho na tradição francesa. Além disso, nesse contexto que o torna possível e impede seu isolamento, estabelece uma relação excepcional entre filosofia e literatura. Excepcional também, ademais, se a confrontarmos com a medida dada por aquele que poderíamos pensar como quem fornece o modelo ou fixa o programa: Heidegger. Com efeito, o que quer que Heidegger possa ter proclamado a respeito da "vizinhança entre a poesia e o pensamento", não se encontra a ilustração desse programa em sua prática de escrita filosófica. Tanto quanto sei e vejo por meio de seus escritos mais difundidos, sua intervenção com a literatura se limita a alguns comentários de fragmentos poéticos, nos quais sua doutrina filosófica é exposta, tornando-se amplamente reconhecível, independente do suporte. E, ao contrário, a obra de Heidegger é obcecada pelos textos mais balizados da tradição filosófica. Indago-me se não seria necessário até mesmo dizer que os textos da ciência estão mais presentes nele do que os da literatura (a respeito da qual se observará de passagem que, nele, esta é subsumida à poesia).

Em Derrida, em contrapartida, o entrelaçamento do filosófico e do literário chega ao ápice, e isso de uma série de maneiras, em diferentes níveis, que cabe distinguirmos. Tentemos, com efeito, apreendê-los como compondo uma espécie de espectro, cuja extensão cumpre perceber.

Numa extremidade, estão textos pura e simplesmente literários de Derrida, como o texto introdutório "Envio", de *O cartão-postal*: são chamados de literários porque não mostram uma dinâmica que seja a do conceito e porque sua organização é a de um diário pessoal. Isso não os impede de trabalhar, de algum modo, um tema que conta no resto da coletânea (o das mensagens, que encontram ou não seu destinatário).

Na outra extremidade, está um conteúdo do "pensamento central", que pertence ao cerne filosófico do discurso derridiano, mas que já se volta para a literatura, dando-lhe lugar: o da escritura. Com efeito, um aspecto do pensamento derridiano da escritura consiste no fato de a escritura aí ser vista como o lugar no qual e pelo qual se desmente a "metafísica da presença". Toda escritura, enquanto tal, ostenta a ausência da garantia da significação, tornando pública a inexistência do referente ou a suspensão do significado. Decerto, aqui se trata da escritura "em geral" e não da escritura literária. Mas Derrida estabelece justamente uma continuidade essencial de uma a outra.

A escrita literária é exatamente aquela que não dissimula a inconsistência de todo ponto de apoio, o abalo dos apegos. Invertendo o discurso de Frege, Derrida compreende em certo sentido o uso literário das palavras como sério: porque é um uso que joga com a ausência de todo referente externo – de acordo com o procedimento da ficção – ou que apela para a reinvenção interminável e infinita do sentido – segundo o enriquecimento da leitura, a qual é tudo o que está em jogo na literatura.

Tudo se passa como se Derrida desqualificasse uma "fala viva" (platônica) da filosofia, que sempre busca reconstituir a plenitude da presença, e glorificasse contra ela as vias e os desvios de uma "escritura" intrinsecamente literária, porque ela nos seduz, porque deriva e desconstrói, porque associa sua operação à interrogação das garantias e ao aprofundamento dos efeitos nos textos, no decorrer de suas reescritas.

Entre os dois extremos do exercício do literário e de sua tematização como escrita, encontram-se diversos intermediários igualmente significativos.

Para começar, Derrida nos legou toda uma série de escritos sobre autores que se pode classificar na categoria da "crítica literária", categoria esta outrora primordial da inteligência francesa, capaz de suscitar o interesse apaixonado das pessoas cultas. Ele escreveu sobre Artaud, Blanchot, Jabès, Genet, Kafka, Valéry, etc. Chegou-se a dizer, não sem algum fundamento, que Derrida tornou populares e levou a descobrir alguns autores.

O que escreve sobre eles tem dimensão e estilo variáveis. O ensaio sobre Genet[16], entrelaçado em *Glas* com uma reflexão sobre Hegel, não é apenas uma leitura que distingue isso ou aquilo a partir de uma exploração do motivo da flor – é também uma composição literária: as frases se exaltam, depositam-se e retinem com essa atenção a si próprias, que sobredetermina o que elas dizem como sendo característico da literatura. Tem, ademais, a dimensão do livro.

O artigo sobre Artaud, em *A escritura e a diferença* ("A palavra soprada")[17], se apresenta como um diálogo filosófico com Artaud, cuja mensagem é entendida no nível da especulação própria de Derrida. Este se apega em compreender a ideia de um roubo originário da fala, do corpo e da vida, afetando o sujeito com um desperdício fundamental, bem como o programa de um teatro da crueldade: com essa finalidade, Derrida faz uso do pensamento da presença, evocando a fala plena, a representação e a *différance*. Em certo sentido, pode-se aproximar aqui o método de Derrida do uso por Heidegger desse ou daquele elemento poético, para fins de sua exposição filosófica. Não obstante, há uma diferença no fato de que Derrida seleciona um autor, procurando discutir sua orientação de conjunto em função da questão por ele escolhida: é com o gesto literário do autor que Derrida discute, em vez de destacar significações que lhe convêm num fragmento extraído. Em "A palavra soprada", encontram-se elementos biográficos, evocações da correspondência de Artaud, trechos retirados de diversas obras. De modo mais geral, quando Derrida escreve sobre um autor, traz um florilégio

---

16. Cf. Jaques Derrida, "Ce qui reste d'un Rembrandt déchiré en petits carrés bien réguliers, et foutu aux chiottes", in *Glas*, Paris, Galilée, 1974.
17. Cf. Jacques Derrida, *L'Ecriture et la différence*, op. cit., p. 253-92. [Na edição brasileira: p. 249-88.]

de citações que nos fazem "perder tempo" – indo além da economia argumentativa –, a simplesmente escutar a literatura, ou, mais geralmente, a acolher a pluralidade dos pensamentos de escritores, sejam especulações, poemas ou comentários: isso é evidente também, por exemplo, no artigo "Qual Quelle"[18], de *Margens*, cujo tema principal é Valéry.

Observemos ainda que o próprio Derrida não desdenhou participar do debate da crítica literária: seu artigo "Força e significação", em *A escritura e a diferença*[19], é uma tomada de posição acerca da crítica "estruturalista", essencialmente a partir do exame de um livro de Jean Rousset.[20]

Mas Derrida mantém ainda uma relação estreita com a literatura pela escolha que faz de algumas discussões filosóficas, imantadas por noções retóricas que têm tudo a ver com o jogo da linguagem, sendo diretamente cruciais para o exercício literário.

Penso aqui, por exemplo, em sua reflexão sobre a metáfora: a do artigo "A mitologia branca", em *Margens*, ou a do artigo "Le Retrait de la métaphore" [A retirada da metáfora], em *Psyché: inventions de l'autre*.[21] Não se trata explicitamente da literatura nesses artigos, mas do que é conhecido como seu recurso, cuja relação íntima e interna com a filosofia é examinada.

Do mesmo modo, muitos textos de Derrida retornam à noção de ato de linguagem*, estendendo-se sobre o fato

---

18. Cf. Jacques Derrida, *Marges: de la philosophie*, Paris, Minuit, 1972, p. 325-63. [Na edição brasileira: p. 315-47.]
19. Cf. Jacques Derrida, *L'Écriture et la différence*, op. cit., p. 9-49. [Na edição brasileira: p. 1-41.]
20. Cf. Jean Rousset, *Forme et signification: essai sur les structures littéraires de Corneille à Claudel*, Paris, José Corti, 1963.
21. Cf. Jacques Derrida, *Psyché: inventions de l'autre*, Paris, Galilée, 1998, p. 11-61.
* Em inglês, *speech act*. Também traduzido em português como "ato de fala". [N.T.]

de que os enunciados testemunham acerca de um fazer que é o deles próprios e de seu valor, o fazer da instituição que eles são. Mas essa reflexão, que se poderia vincular à filosofia analítica e a Austin – em quem, com efeito, Derrida encontrou o tema –, é antes, nele, atenta à "matéria de literatura" que é, a seu ver, o ato de linguagem. Derrida compreende, com efeito, o que se chama de dimensão "pragmática" – o fato de todo enunciado carregar e atualizar um acontecimento – como autoposicionamento literário da linguagem: todo dito se realiza como um acontecimento aberto a uma série de derivas e de valores que se materializam na retomada literária do dito. Derrida nos conduz a tal visão, por exemplo, ao comentar a "força" pragmática, acontecimental e autorreferente de um fragmento literário, como o poema "Fable", de Ponge, em "Invention de l'autre", *incipit* do livro *Psyché*.

Para concluir, acrescentemos que a literatura se manifesta também na língua derridiana. Não é que Derrida recuse o estilo da claridade conceitual e da análise exata das teses, de seus pressupostos e de suas consequências. Em sua prosa, encontram-se numerosas passagens que se situam nesse registro e a ilustram de maneira totalmente comprobatória; deve-se mesmo dizer de modo pedagógico: como todos os verdadeiros autores, Derrida possui uma faculdade de não ser absconso, que merece ser destacada.

Todavia, ao lado disso, Derrida solicita à linguagem, à reserva de possíveis percebidos em si, que venha em socorro do que ele tenta fazer valer. Por vezes, no meio de sua exposição filosófica, deixará simplesmente ressoar frases ao mesmo tempo sentimentais e enigmáticas, que supostamente recolocam, para ele, "aquilo de que se trata" no justo lugar que o puro "raciocínio" corria o risco de desconhecer. De modo ainda mais significativo, nos próprios parágrafos em que conduz a análise conceitual, não hesita em dar livre curso a uma espécie de exuberância lexical, procurando exibir as vias de sentido que se cruzam no lugar onde está pensando: tais vias são convocadas pelas palavras que emprega, enquanto a elas se juntam guirlandas de vocábulos, lançados em seguida por Derrida, revelando os horizontes das outras palavras.

Ao proceder assim, Derrida se deixa levar regularmente, carregando junto o leitor, em mais do que é de fato possível apreender em proveito do nexo mental. Daí o sentimento de uma provocação intelectual incômoda. Mas daí também um modo de hibridação da razão filosófica e do exercício literário totalmente notável: Derrida opera o roteiro típico da recepção literária, segundo o qual um fragmento linguístico dá a pensar infinitamente (se se quiser, roteiro da ideia estética kantiana[†]); e ele opera um momento no qual o dizer filosófico busca discernir o que quer dizer, no instante da *explicitação*, graças ao qual, em princípio, o proceder filosófico elimina ou conjura incompreensão e confusão.

Disso resulta uma perturbação: não se sabe se se devem seguir as vias abertas pelas evocações lexicais densas de Derrida, para deixar virem as associações semânticas, os afetos e os pensamentos em sua riqueza, ou sintetizar a informação num mapa dos conteúdos conceituais referidos, a fim de apreender melhor o argumento ou a concepção que está sendo alocada. Tal perturbação nos posiciona como leitores de algum modo entre a atitude da recepção literária e a da sequência filosófica.

Esse último elemento – ao lado de todos os que precedem – acaba de demonstrar o que tínhamos em vista, ao falar de uma conivência excepcional entre filosofia e literatura em Derrida, e ao descrevê-lo como "o filósofo da literatura". Isso explica, a desconfiança e a rejeição de que foi alvo por parte de espíritos inquietos, por se ver o empreendimento tradicional da filosofia traído e, ao mesmo tempo, o enlevo que pôde suscitar junto a outra família de espíritos: aqueles que, convencidos de que a literatura é o mais vivo e o mais seguro testemunho da aventura humana, exigem da filosofia que sele com o literário o pacto de uma cumplicidade de princípio e de método.

III
Leituras

Derrida é também o jovem que, com 25 anos, tinha lido todos os textos fundamentais da tradição filosófica e sabia dar-lhes vida diante de um auditório. Aquele que, na rua d'Ulm, se ocupava com a preparação dos alunos para o concurso da *agrégation* (segundo o modelo de Merleau-Ponty[†] e Cavaillès[†], por exemplo). Essa competência de Derrida não é um apêndice pitoresco de sua personalidade intelectual, correspondendo a uma dimensão essencial, na qual reside para nós, posteriormente, um ensino. Derrida é um filósofo da escritura, foi isso o que, no fundo, dissemos nos dois primeiros capítulos: ao desdobrar os filosofemas de sua "filosofia da escritura", no primeiro, e ao apresentar a consequência de sua relação com a literatura, no final do segundo. Mas é também, e na mesma medida, um filósofo da leitura.

Em certo sentido, todos os textos que ele nos legou são leituras de textos. A obra que expõe de modo mais oficial e mais solene o "pensamento central", o "lance inicial" da filosofia de Derrida, a *Gramatologia*, se desenvolve como uma leitura de Lévi-Strauss, Saussure e Rousseau: leitura que tende mesmo a ser minuciosa e contínua, no caso de Rousseau. Diversas obras publicadas no decorrer do que chamamos de "percurso" provêm de conferências ou de aulas, e nelas Derrida quase sempre se detém sobre um texto. Ou então, outro modo de escrita bastante característico, Derrida traça seu caminho, desfiando pérolas de um colar de leituras: de uma forma que se pode ter a impressão de ser imotivada, passa do exame de uma fonte ao estudo de outra. E é a sequência finita de suas escolhas de leitura que compõe, no final das contas, o tema de um livro, de uma aula ou de uma conferência. Esse tema é sempre definido e abordado "diretamente", numa linguagem de autor "novo", que o abraça com vigor. Mas a ideia do procedimento derridiano é que essa conceituação independente não é, em absoluto, privilegiada em relação à abordagem plural, em parte implícita, incluída na sequência das leituras. O logocentrismo, o recalque da escrita, o suplemento, o engodo da presença, tais conceitos em rede são também o resultado da sequência textual Lévi-Strauss, Saussure, Rousseau. Ao mesmo tempo, vê-se como essa metodologia da leitura converge com a conivência em relação à literatura: bem compreendida, e como um Barthes a pinta no mesmo momento, a literatura é tanto a leitura quanto a escrita.

Na arte da leitura, um modo de fazer que realiza a intenção filosófica de Derrida – sem que haja aí verdadeira relação – é o que eu chamaria de anteposição do comentário: muitas vezes, Derrida expressa com suas próprias palavras o conteúdo de um trecho de um autor que ele está lendo, tal como se recomenda aos estudantes que façam no exercício do comentário; depois apenas cita esse trecho. Essa via hermenêutica produz efeitos.

Por um lado, ela precipita uma felicidade de compreensão: lendo a reformulação derridiana "antes" e sem o suporte do que a motiva, não se apreende tudo ou ao menos duvida-se do que se compreendia de modo vacilante; mas, uma vez o texto inspirador revelado, tudo encontra seu lugar e se confirma.

Por outro lado – e pode-se ver nisso um procedimento oblíquo, uma "trapaça" –, essa felicidade de compreensão vale como argumento, como justificativa da leitura: visto que o texto comentado esclarece o comentário, pelo fato de esse comentário cobrir bem o texto comentado, julga-se de modo mais ou menos automático, sem que tal inferência seja assumida explicitamente. Decerto a consequência não é boa. O esclarecimento do comentário pelo texto comentado não é a mesma coisa que sua justificativa, embora, evidentemente, ele prove o vínculo entre os dois textos.

Todavia, no fundo, Derrida não tem a pretensão de "ler" no sentido de liberar – com seu texto leitor – a inteligibilidade do texto lido. Ele pretende realizar obra de pensamento, deixando-se impregnar pelos textos que lê. O que diz em seu comentário é dito, portanto, em seu próprio nome, sem apelar para o texto lido como o que já teria dito e se encontraria interpretado pela formulação derridiana. Tudo se passa como se o texto citado fosse apenas uma instância plena de sentido, que contribui com carne e força para um ensino do qual Derrida é responsável.

Neste ponto, podemos nos maravilhar, se assim o desejarmos: o jogo que acabo de descrever é exatamente o dos doutores do Talmude com os versículos da Torá, convocados para revelar e substancializar a perspectiva sobre a lei que tais doutores suscitam. Quando se indagava a Derrida se tinha sido influenciado pelo Talmude, ele respondia que, para supor isso, seria preciso admitir que foi possível ser influenciado por algo que se desconhecia inteiramente. Decerto é prudente abster-se de qualquer conclusão em tal matéria. Retenhamos, em todo caso, que a "leitura" derridiana não se liga à hermenêutica usual, a que tem como única pretensão reexpor o conteúdo do texto interpretado.

Entrando um pouco mais no cerne do assunto: as leituras de Derrida são, antes de tudo, leituras de textos da tradição filosófica. E, nessa própria tradição, privilegiam-se alguns nomes próprios, em relação aos quais tem-se a impressão de que as concepções derridianas se constituem. No que se segue, gostaria simplesmente de relatar algumas dessas leituras, as quais, a meu ver, participam profundamente da definição da filosofia de Derrida. Haverá, de um lado, os dois autores que Derrida trata de modo recorrente e com amor, embora sua postura principal seja de conflito com eles: Husserl e Lévinas. E, de outro, o autor motivo de embaraço, porque ele o justifica e segue, tomando impulso nele, mas do qual é preciso se separar, pois a conivência no caso é proibida: Heidegger. Mais além dos comentários detalhados realizados por Derrida, tentaremos reconstruir a economia de conjunto de sua relação com esses três autores.

Poder-se-á lamentar que não tenhamos incluído os nomes de Nietzsche e de Hegel, cujo papel pode parecer relativamente similar ao de Heidegger em Derrida. Digamos que nossa escolha corresponde à impressão de que Derrida "individualiza" sua filosofia no domínio fenomenológico e que ele não se encontra mais na neutralidade do exame, no jogo livremente intelectual, ao retomar os outros dois. Com Husserl, Lévinas e Heidegger, trata-se de sua identidade de pós-fenomenólogo.

Husserl

O pensamento central de Derrida nasce, por assim dizer, de uma leitura de Husserl. O livro *A voz e o fenômeno*[1] – no qual são testados e se iniciam o léxico e

---

1. Cf. Jacques Derrida, *La Voix et le phénomène*, op. cit.

o ponto de vista próprios de Derrida – se apresenta, com efeito, como uma meditação crítica de Husserl. A influência – considerável – que se deve reconhecer, posteriormente, a esse curto ensaio é medida ao menos tanto do lado dos estudos husserlianos e da leitura de Husserl, quanto do lado dos temas próprios de Derrida.

O comentário de Derrida se atém inicialmente à primeira "Investigação lógica" de Husserl, ou seja, um texto em que este trata da significação[2]: no qual ele se apega a caracterizar, na linguagem de seu próprio pensamento nascente, ainda comprometida com a opinião "fenomenológica", o trabalho significante das expressões linguísticas. Evidentemente, tal terreno convém a Derrida, cujo pensamento central, como sabemos, se situa inteiramente nesse lugar conceitual, consistindo fundamentalmente em descrever o significar como não significar ou como significar "diferente". Para além da análise desse capítulo de Husserl, Derrida discute o programa geral da fenomenologia husserliana (embora, como dito, Husserl ainda não o houvesse adotado nesse livro).

Convém declarar, de imediato, que seu comentário é, em parte, nitidamente polêmico. Derrida se esforça para mostrar o malogro ou, antes, a impossibilidade de princípio das distinções husserlianas, bem como do projeto descritivo do pai da fenomenologia.

Creio que se possa reter da leitura de Husserl então proposta por Derrida alguns elementos fortes, que aliás prevaleceram na recepção: correspondem àquilo em que Derrida foi convincente, a ponto de alinhar diversos leitores posteriores de Husserl a sua visão.

O primeiro é a recusa da ideia de uma "imanência fenomenológica" da significação. Husserl descreve a

---

2. Cf. Edmund Husserl, *Recherches logiques 2*, trad. H. Elie, A. Kelkel e R. Schérer, Paris, PUF, 1961, p. 25-121.

significação das expressões linguísticas evocando *intenções de significação*, que provêm da consciência e se apossam de um suporte material (tipicamente sonoro), a fim de lhe anular o valor simplesmente perceptivo e produzir uma pura janela do sentido. Isso ocorre supostamente por uma "fusão" das intenções de consciência com a maneira significante adquirida em nossos atos perceptivos. Ultrapasso a sonoridade percebida da palavra /*casa*/ em direção ao sentido dessa palavra, a tal ponto que esse percepto desaparece para mim, dissolvido no complexo que forma com a apreensão do sentido. É como se a "fusão" em causa transpusesse o concreto sonoro para o plano da idealidade: a expressão linguística, investida e transfigurada pela intencionalidade de significação, somente conta como idealidade, como valor, a que tivemos acesso na base de uma ocorrência concreta de palavras (no primeiro capítulo, expusemos esse jogo da idealidade e do valor a partir de Saussure). No limite, para Husserl, essa fusão-transfiguração não precisa realmente do material-suporte com que trabalha: posso agir a significação em meu foro interior, sem proferir efetivamente sons; basta-me imaginar, de algum modo, um suporte, por exemplo, sonoro, que atualize minhas palavras.

Derrida vê em tal resumo um duplo engodo: segundo ele, por um lado, não se pode crer que a significação seja consistente na pura imanência da consciência, por outro, dá-se excessivamente crédito à idealidade suposta, a cada vez "produzida" ou "emitida".

Julga que, se fosse preciso seguir Husserl, isso implicaria estimar que a consciência atinge *nela mesma* a idealidade como resultado de significação e pode assim possuir o sentido, pensando-o e vivendo-o, de maneira plena e sem perda. Todavia, de fato, o suporte sonoro ou gráfico, tratado como insignificante na visão imanente, é essencial ao caso: a expressão linguística apenas "funciona" verdadeiramente – mesmo no solilóquio – se tal base for suficientemente restituída, disponível em sua articulação interna. A significação permanece dependente de sua face material: da realização das diferenças semióticas na ordem material das coisas. Não se pode emancipar a significação em relação a uma trama material, que, por princípio, escapa à posse introspectiva. Não há imanência fenomenológica da significação.

No fundo, o mesmo raciocínio impede de dar um crédito excessivo à idealidade. Refletindo bem, esse valor de *tipo*, acima de cada *ocorrência* que a caracteriza – valor tomado, com efeito, pela expressão linguística –, se mostra absolutamente dependente da marca material, que deve a cada vez "realizá-la". Ao se confirmar a semelhança entre essas marcas – unificando as ocorrências e mostrando nelas a unicidade do tipo –, tal semelhança aparece logo como aquilo em que a idealidade encontra sua única efetividade. Da visão de uma dominação pura das ocorrências por uma idealidade plena, estável e própria, somos remetidos à visão de um "conteúdo de idealidade", apenas aproximativamente estabelecido pela repetição concreta das ocorrências. Aproximativamente porque a série das ocorrências não para de concorrer para fixar as fronteiras de variação material, para além das quais o valor ideal se perde.

De Husserl, Derrida guarda a observação de que as expressões linguísticas carregam a significação mesmo na ausência de um preenchimento intuitivo que lhe corresponda, permitindo um recobrimento de verdade entre o sentido do que é visado e a efetividade do que é percebido. Husserl descreve a possibilidade de tal recobrimento, mas explica de um modo totalmente claro que a linguagem tem o direito de reter, "antes" de tudo, tal recobrimento, expondo o sentido numa suspensão radicalmente isenta de seu preenchimento intuitivo. De forma muito simples, posso dizer /casa/ na ausência de qualquer casa sob minha percepção.

A observação modal de Derrida é então a de que, se é possível que o sentido seja proclamado na ausência de todo preenchimento, faz-se na verdade necessário que isso seja possível: noutros termos, é parte essencial do fato linguístico que a proclamação da significação possa advir sem saturação referencial. E obtemos com isso uma prefiguração ou um fundamento para o "pensamento central", segundo o qual a linguagem não controlaria nem fixaria o referente ou o significado: digamos que essa é ao menos a face relativa ao referente da tese, que se enraíza desse modo em Husserl.

Em contrapartida, Derrida rejeita, antes de tudo, a ideia "intuicionista" da presença plena da significação à consciência em solilóquio: o que chamamos de "imanência fenomenológica". Está claro que esse lado crítico corresponde à face relativa ao significado do pensamento central. O que se encontraria "estabilizado" na imanência fenomenológica seria o significado.

Devemos, por um lado, enfatizar a profundidade dessa recusa a seguir Husserl; e, por outro, sublinhar sua consequência relativa à própria ótica normativa e à ótica transcendental.

Temos um sinal da profundidade dessa recusa na persistência notável, sem modulação ou mudança que se possa observar, desse motivo em Derrida ao longo de todo seu itinerário. Quando aborda, em sua publicação tardia *Le Toucher: Jean-Luc Nancy*[3], as questões de fenomenologia da percepção (discutindo especialmente Husserl, Merleau-Ponty e as análises de Didier Franck[†]),

---

3. Cf. Jacques Derrida, *Le Toucher: Jean-Luc Nancy*, Paris, Galilée, 2000 (reescrita de um ensaio cuja primeira versão data de 1992).

Derrida rejeita novamente o que chama de ideia "intuicionista".

Semelhante terminologia pode, aliás, surpreender, porque me parece difícil imaginar que, ao utilizá-la, Derrida ignore que pertence a um setor da filosofia pouco frequentado por ele, o da filosofia das matemáticas: "intuicionista" é o nome de uma concepção do objeto das matemáticas e de seu fundamento, que foi introduzida e defendida originalmente por L. E. J. Brower[†]. A escola intuicionista prega, essencialmente, que há uma figura primitiva do objeto matemático, anterior a todo formalismo: a de um objeto que é pura estrutura temporal, construída por nós, e intuída enquanto a construímos.

Desse modo, o intuicionismo em questão apregoa que há conteúdos que se nos impõem num comércio fenomenológico intuitivo, sendo mais seguros e mais bem apreendidos que tudo o que a linguagem evoca (no caso, a linguagem formal). Ao exprimir como anti-intuicionismo seu anti-husserlianismo, Derrida não se equivoca: sua reação a Husserl, que o faz negar que algo possa ser controlado na intimidade, antes da ordem pública, histórica e concreta da prática da linguagem, é sem dúvida alguma isomorfa ao que os adeptos do formalismo e do primado da linguagem objetam a Brower, cuja convicção intuicionista é desvalorizada como "psicologista" ou como "idealista platônica", conforme o caso. A diferença é que, para Derrida, no plano de tal ordem – histórica, prática, linguageira –, todo controle é desmentido em última instância, tese inteiramente estranha ao pensamento de nossos anti-intuicionistas formalistas.

Tentemos agora dizer algumas palavras sobre a consequência que diz respeito ao transcendental e à normatividade. As descrições transcendentais – e, de modo singular, as de Husserl – fazem um uso sistemático das categorias ligadas à norma. Na verdade, elas não se interessam pelo que se deixa observar nesse ou naquele domínio da atividade humana, mas pelo que prevalece em direito (para que nos relacionemos a esse ou àquele tipo de objeto, para que nos situemos no horizonte de uma verdade possível, etc.). O pensamento transcendental se interessa pelas condições de possibilidade do conhecimento, mas tais condições são jurídicas e não genéticas: trata-se de permanecer no âmbito do que sinalizamos como conhecimento ou como experiência, como dado sensível, como objeto, e não de dar conta da maneira efetiva como se engendram em nós os conhecimentos ou os objetos, por exemplo. De modo que o discurso transcendental visa apenas a uma camada normativa que acompanha a experiência.

Derrida é extremamente sensível a esse pensamento radical e crucial da filosofia transcendental. No cerne de um desenvolvimento em que ele comenta alguém que a desconhece, acontece de ele lembrar tal princípio. E as palavras que encontra então com essa finalidade provam que a ideia transcendental está viva nele. Contudo, no fundo, ele se tornou uma espécie de inimigo resoluto dessa ideia. Ela é o que, por excelência, não sobrevive à desconstrução, aquilo que perde sua arrogância na conclusão da interrupção relativa à "metafísica da presença". Derrida argumenta que o direito apenas se apresenta como idealidade: como consignação indivisível e invariante, acima da variedade das circunstâncias. Ele defende isso especialmente em seu comentário sobre Husserl.

Derrida julga que, para Husserl poder distinguir verdadeiramente a fenomenologia transcendental, como ciência do direito das configurações vividas que valem para isso ou aquilo, da psicologia descritiva que estabelece o mapa do fato complexo dos vividos, seria preciso que um direito pudesse ser entendido de outra maneira que não como o que se repete numa série de fatos. Mas não é nada disso, o direito não passa de uma idealidade brandida nas costas da factualidade dos fatos. Para dar um exemplo na fenomenologia de Husserl: minhas configurações perceptivas manifestam de modo repetido uma organização noético--noemática[†4], mas isso apenas se torna a condição jurídica para o acesso ao "sentido de objeto" se separo essa organização como uma idealidade acima de cada um dos casos fenomenológicos, idealidade pela qual concebo doravante que estes se deixam regular.

Para Derrida, Husserl – e, com ele, todo o pensamento transcendental – se engana duas vezes: uma vez, dando consistência ontológica, sem dizer ou saber, ao direito ou à idealidade; outra vez, ao supor uma participação transparente do sujeito nessa ontológica suspeita. Noutras palavras, os direitos e as ideias estão ausentes, e não há presença a si e presença a eles nas quais sua suposta presença se recolha.

Essa leitura de Husserl como filosofia transcendental, imputando-lhe uma série de pressuposições quanto à consistência ontológica dos elementos transcendentais que ele defende e conduzindo suas pressuposições a uma pressuposição equivalente relativa ao sujeito transcendental, é certamente um aspecto do ensino de Derrida que conheceu um enorme sucesso e condicionou muita leitura posterior.

Lévinas

Derrida aparece também como leitor de Lévinas; novamente, trata-se mesmo de um elemento essencial, determinante para sua personalidade filosófica.

---
4. Cf. Edmund Husserl, *Idées directrices pour une phénoménologie*, trad. Paul Ricœur, Paris, Gallimard, 1950, p. 282-309.

Primeiramente, porque é, em alguns aspectos, no espaço francês, seu "primeiro leitor". Decerto, Lévinas começou sua carreira muito antes de Derrida intervir; decerto, já era conhecido e reconhecido antes da Segunda Guerra Mundial. Mas não se pode ignorar que o artigo "Violência e metafísica"[5], inserido em 1967 em *A escritura e a diferença*, é o primeiro texto que, de forma solene, se dirige à obra de Lévinas como obra-pilar, uma obra de referência. E que a consagra, ela e seu autor, ao mesmo tempo.

Em seguida, porque – já tangenciamos isso no capítulo precedente – Derrida pareceu conhecer, na última fase de seu pensamento, uma "virada levinasiana". O leitor sofisticado da desconstrução se expondo desse modo, aparentemente, a algo tão comum quanto uma influência.

E, finalmente, porque, ao contrário do que acabamos de sugerir, Derrida aborda Lévinas quase todo o tempo – e também depois da suposta "virada levinasiana" – seguindo o caminho de um estranho "amor hostil": seria isso a tradução afetiva do "método" desconstrutor? Tem-se a impressão de que ele fala de Lévinas, de maneira extensa e reiterada, exatamente porque não poderia de modo algum segui-lo. As explicações de Derrida acerca de Lévinas são, antes de tudo, uma "saída", uma "desmistificação", uma "emancipação", em relação a esse pensador. E isso a despeito de muitos leitores terem chegado a Lévinas por causa de Derrida: ainda mais, muitos dos que aí chegaram, ficaram em vez de "sair".

Como então Derrida leu Lévinas?

Antes de mais nada, como alguém que tinha a pretensão de abalar um solo no qual se dava a prática

---

5. Cf. Jacques Derrida, "Violence et métaphysique", in *L'Écriture et la différence*, op. cit., p. 117-228. [Na edição brasileira: p. 111-223.]

filosófica que ele conhecia, como anunciando uma reviravolta absoluta. Em "Violência e metafísica", a preocupação primeira de Derrida é examinar se Lévinas efetivamente recusa toda a tradição ontológica da filosofia, guardando em suas gavetas as obras de Husserl e de Heidegger: ou seja, as obras dos pais da fenomenologia, na linhagem dos quais o próprio Derrida trabalha, aliás, a exemplo de Lévinas.

Portanto, Derrida percebe Lévinas como pretenso portador da espécie de ruptura radical a que todo ambiente filosófico em que ele se mantém aspira: quanto a isso, volte-se ao que dissemos a propósito de Derrida e da "política radical".

Desse ponto de vista, o artigo "Violência e metafísica" é representativo da atitude moderada e resistente quanto às pretensões últimas; essa foi inicialmente a de Derrida, levando-o a ser percebido como estranho ao enlevo radical da *French Theory*: ao ensinar de maneira austera e profunda a impossibilidade dos êxitos e dos ultrapasses proclamados. Na mesma coletânea, Derrida trata Lévinas como Foucault: a este, recusa a possibilidade de se colocar, com a loucura, no campo radical contra Descartes; àquele, vai negar o direito de se situar "depois" da ontologia, na boa filosofia da alteridade, rompendo os laços com Husserl e Heidegger.

Assim, Derrida reage ao tema do *absolutamente outro*. Compreende que Lévinas iguala outrem ao absolutamente outro, contra a ideia husserliana de *alter ego*, e se esforça para defendê-la: sustenta, em suma, que o respeito ético de outrem supõe também a simetrização transcendental do eu e de outrem. Será que não devo, com efeito, respeitar em outrem o sujeito, a consciência, o centro de contingência e de liberdade que ele é, tal como o sou? Porém, mais essencialmente, Derrida exprime uma nota cética acerca desse absolutamente outro, que ele pensa que Lévinas teria *colocado*. Para Derrida, por um lado, o absolutamente outro não se deixa colocar sem paradoxo, sendo, por definição, impossível de atestar; por outro, jamais se conseguirá distinguir a alteridade do absolutamente outro da do ser relativo a todo ente: uma e outra adquirem forçosamente um *status* de condição transcendental, onde se juntam. Acreditando escapar ao esquema heideggeriano e falar para além dele, Lévinas teria, portanto, se equivocado.

Enfim, e essa razão não é das menores, segundo Derrida, Lévinas não considera devidamente a relativização necessária de seu discurso à linguagem que ele sustenta, na verdade, em geral, a sujeição da linguagem a todo motivo filosófico. Por exemplo, as metáforas espaciais do discurso levinasiano – fazendo de outrem a altura ou do absolutamente outro a exterioridade – fornecem o testemunho sobre o pertencimento da prosa de Lévinas à prosa ontologizante da filosofia, construindo seus filosofemas a partir dos recursos infinitos da metáfora espacial e perceptiva na linguagem. Porque Lévinas é obrigado a *pôr palavras* no que ele se esforça para pensar mais além da fenomenologia e da ontologia, encontra-se forçosamente reconduzido ao seio destas, como valências incontornáveis da linguagem.

Compreende-se que, para Derrida, a desconstrução é possível, ou seja, um jogo astucioso que remete a expressão intelectual e significativa, indefinidamente, ao fiasco, ao autodesvio e à falta de fundamento original: mas, em contrapartida, o elã levinasiano nos engoda quando faz crer que poderíamos deixar as coordenadas da metafísica da presença, aterrissando no para-além ético.

Ao mesmo tempo, o artigo de Derrida é forte, longo, atento e respeitoso. Ele leva muito a sério a hipótese da "ruptura levinasiana", desdobrando-se para refutá-la: de tal forma que o efeito do texto é o de credenciá-la, ao menos em parte. Ademais, a conclusão explícita de Derrida não é que ele rejeite e destitua "absolutamente" a ambição levinasiana. Em certo sentido, valida-a, reconhecendo-se nela: no sentido de que se trata realmente de apregoar a insuficiência e o caráter ainda ardiloso da fenomenologia e da ontologia. Só que, segundo Derrida, deve-se fazê-lo de maneira ao mesmo tempo grega e judia: o justo meio que propõe, no caso, soa ainda mais "radical-socialista" do que na ordem política, se isso for possível. De modo mais profundo, não se compreende de todo o que ele tenta recuperar da ideia de um divórcio com a perspectiva fenomeno-ontológica *que emanaria da ética*: não quis, em vez disso, mostrar que essa ideia era inconsistente?

Com o distanciamento histórico, pode-se observar também que as objeções formuladas por Derrida em "Violência e metafísica" permanecerão como formas de resistência expressas nas décadas seguintes. Muito mais tarde, quando Ricœur objeta a Lévinas que, uma vez outrem sendo absolutamente outro e "infinito", o diálogo com ele não é mais possível[6], ele retoma, no fundo, a "leitura" derridiana, fazendo da descrição levinasiana do enredo ético uma determinação metafísica de outrem. Do mesmo modo, a ideia de que a filosofia de Lévinas corresponde à proclamação de um "ultrapasse ético", a rigor impossível, é muitas vezes retomada por vários comentadores.

O próprio Derrida, em sua avaliação do pensamento levinasiano sobre o feminino ou do pensamento sobre o animal que se pode depreender em Lévinas, reencontrará a mesma abordagem: a de compreender as dramatizações fenomenológicas levinasianas também como apelos metafísicos, debatendo com elas nesse nível.

---

6. Cf. Paul Ricœur, *Soi-même comme un autre*, Paris, Seuil, 1990, p. 387-93, principalmente p. 391.

Dito isso – e tal é a motivação principal desta seção –, Derrida não fica nesse primeiro *opus* (já bastante monumental) em sua reação filosófica a Lévinas. Não dissimulemos que essa ênfase – a qual acaba por se parecer com um profundo debate a que seu próprio pensamento está preso, enquanto ele nunca encontra, em certo sentido, o que estar em desacordo com Lévinas – constitui em muitos aspectos uma homenagem, e não das menores. Dito isso, o segundo momento desse debate que nos parece ser necessário sublinhar aqui é o do artigo de título longo e estranho: "En ce moment même dans cet ouvrage me voici", publicado originalmente na coletânea *Textes pour Emmanuel Lévinas*, organizada por François Laruelle[7], e reproduzido no livro *Psyché: inventions de l'autre*, de Derrida.[8]

Nesse texto, Derrida aborda a crítica feminista de Lévinas, fazendo, ademais, referência aos trabalhos de Catherine Chalier.[9] Todavia, o que me parece mais interessante, na linha de compreensão da relação de leitura de Derrida para com Lévinas, é que ele retorna à objeção de desconhecimento da força "reterritorializante" da linguagem, dirigida a Lévinas em "Violência e metafísica".

Derrida percebe, com efeito, que o pensamento de Lévinas está, por assim dizer, preparado para tal objeção, porque ele tem seu próprio modo de conceber o que se poderia chamar de fundamentalidade da linguagem. No entanto, em contexto levinasiano, não é enquanto escritura que difere toda referência e todo significado que a linguagem é fundamental: é enquanto vetor, via ou modo de endereçamento, a saber, do próprio enredo ético. Toda

---

7. J.-M. Place editor, 1980.
8. Cf. *Psyché: inventions de l'autre*, op. cit., p. 159-202.
9. Reunidos em Catherine Chalier, *Figures du féminin: lectures d'Emmanuel Lévinas*, Lagrasse, Verdier, 1982.

fala vai para um destinatário, franqueia o abismo em direção a quem não me é de modo algum redutível, mas me chama de modo irrecusável. Lévinas se recusa a interpretar um enunciado qualquer como puramente constativo: mesmo a dicção verdadeira do mundo é de alguém, no limite, dom da verdade do mundo a outrem. Se, portanto, como Lévinas expõe em *Autrement qu'être ou Au-delà de l'essence*, o discurso que descreve o enredo ético, enquanto proposições teóricas, "recai" necessariamente na forma do *Dito*, da sincronização do Ser como manifestação no enunciado[10], tal discurso, como qualquer outro, continua a ser ouvido também como *Dizer*, como discurso endereçado, que testemunha acerca da vulnerabilidade e da exposição de um *Eis-me aqui*.[11]

Derrida se esforça para tomar conhecimento dessa objeção levinasiana (implícita) a sua objeção, mas, ao mesmo tempo, ele faz disso o pretexto para uma estranha conversão da mensagem levinasiana: para ele, doravante, resulta dessa consideração levinasiana que o enredo ético e o êxito da escapada levinasiana para além do ser se encontram presos à força ilocutória do *Dizer*, assim distinguida como avesso da disponibilidade teórica do *Dito*. Ele vai, portanto, por assim dizer, "julgar" a empreitada levinasiana a partir de um enunciado fictício – "Ele terá obrigado" –, indagando-se, em suma, se todo o sentido que Lévinas investe na relação ética pode se alojar no acontecimento de tal enunciado[12]: a filosofia de Lévinas é intimada a se recolher e se realizar nesse *speech act* forjado circunstancialmente. Mas ela não o pode, porque toda enunciação "recai" como Dito. Em

---

10. Cf. Emmanuel Lévinas, *Autrement qu'être ou Au-delà de l'essence*, op. cit., p. 6-9 e 4-49.
11. Cf. op. cit., p. 232-3, por exemplo.
12. Cf. Jacques Derrida, *Psyché: inventions de l'autre*, op. cit., p. 159-202.

termos derridianos, o endereçamento e o vivente do endereçamento não poderiam fixar uma presença para si.

Mais uma vez, a conclusão de Derrida é radical-socialista: do mesmo modo que o Dito não pode impedir o retorno do Dizer, o acontecimento do Dizer não pode se proteger de sua reabsorção no Dito – é a isso que chega. A desestabilização da tendência substancializante da metafísica, a que Derrida principalmente está ligado, deve, portanto, ser estudada e aguardada tanto em referência à análise do Dito como rastro ("à la Derrida"), quanto por meio da reivindicação do Dizer como endereçamento ("à la Lévinas"). Como no artigo precedente, não se compreende completamente como uma média e um equilíbrio podem ser obtidos em tal caso, os dois termos parecendo demasiado estranhos um ao outro para isso. Mas, diferentemente do primeiro corpo a corpo, parece ao menos que Derrida compreende o elemento ético em sua especificidade não redutível aos filosofemas da desconstrução, visto que examina o *Dizer* como endereçamento para além do *Dito*.

Um terceiro momento do debate de Derrida com Lévinas é o que marca a publicação do livro *Adeus*.[13] Dessa vez, a conjuntura é diferente, visto que a primeira razão de ser do livro é a morte de Lévinas: o texto inicial da obra não é senão a alocução pronunciada por Derrida na ocasião do funeral. Nesse livro, portanto, Derrida entra explícita e solenemente na atitude de herança, que não é exatamente a mesma do debate com um contemporâneo. Tudo isso, contudo, deve ser nuançado: exatamente porque a desconstrução, enquanto modo de leitura, impõe de algum modo que se leia todo texto na

---

13. Cf. Jacques Derrida, *Adieu: à Emmanuel Lévinas,* Paris, Galilée, 1997. [Ed. bras.: *Adeus: a Emmanuel Lévinas*, trad. Fábio Landa, São Paulo, Perspectiva, 2008.]

perspectiva da morte de seu autor: o que se tem para receber nos textos – ou seja, em parte para operacionalizar – é a desestabilização do referente e do significado que se produz neles e por eles. A atitude da desconstrução parece projetar o leitor numa distância infinita e de princípio acerca do texto, convocado a ressoar no modo do "futuro anterior" derridiano: *Platão terá sempre dado a entender que...* Qual peso pode, portanto, ter a circunstância daquele que lemos, vivendo ao lado de nós – ou não vivendo mais?

Na verdade, Derrida continua em *Adeus* – depois do intervalo da alocução inaugural, em que declara sua emoção e sua dívida – o trabalho de demarcação, que é o assunto essencial de suas leituras sucessivas. Dessa vez, ataca principalmente a questão da relação da ética e da política. Derrida estabelece as coordenadas de uma leitura de Lévinas sobre essa relação, leitura que rapidamente se torna canônica (e é, de fato, a essa espécie de destino que medimos a autoridade de Derrida no mundo em que escreve).

O pensamento fundamental da ética em Lévinas, limitado ao enredo dual, quase sem roteiro, do comparecimento do rosto diante de mim, é caracterizado como "acósmico" e irreal: a ética seria aí enfocada na atmosfera impossível de um apagamento do mundo ou de sua passagem para o segundo plano, quer se trate do mundo natural ou dos mundos culturais. De acordo com a leitura que se impõe primeiramente, o "mundo", e com ele o político, apenas reaparece com o terceiro, evocado no final de *Autrement qu'être ou Au-delà de l'essence*. Visto que se trata de decretar uma justiça, perante todos e com todos os meios de razão disponíveis, será que Lévinas não nos reconduz (enfim) ao que conhecemos bem, ao debate político sobre o vínculo social, sobre o governo e sobre a identidade coletiva desejada?

Derrida aceita essa leitura dicotômica, encampando igualmente suas categorias, as quais dão lugar a um conflito *a priori* da ética e da política – esta começando apenas na medida em que as exigências da primeira se arrefecem. Acrescenta somente a esse esquema a ideia desconstrucionista da impossibilidade e da inconsistência da fronteira. A justiça, que reclama a tematização das situações de todos e a avaliação comparativa dos direitos e dos deveres, somente pode ter estado presente desde o princípio; não pode jamais ter havido esse momento estritamente dual e acósmico de que fala Lévinas. O terceiro já está sempre presente, despontando no olhar de outrem, como se chega a dizer a partir das palavras do próprio Lévinas. Portanto, a política não é verdadeiramente "segunda", sendo tão primitiva quanto a ética é arcaica.

Todavia, Derrida, em sua generosidade, ao mesmo tempo deseja conceder que a política deve sempre ser regulada pelo sentido infinito da exigência ética, exposto por Lévinas em termos de enredo dual acósmico. Ainda que seja fictício, esse enredo será, portanto, proclamado como componente inelimável da nova figura do inextricável, a que Derrida se aferra: a de uma política racional, conflitual e eventualmente "cínica", repousada numa ética maximalista impossível. Cada uma delas limitando a outra e protegendo-a de abuso: do mesmo modo que a equalização da justiça impede o aniquilamento e a vexação dos que se devotam, a referência ao absoluto do *para outrem* impede que se dê livre curso a uma convenção legítima que esmague algumas pessoas.

Qual a "posição" de Derrida, manifesta nessa leitura, relativamente ao colega mais velho? Em larga medida, sua função é recusar a "desqualificação do político", segundo penso, justamente bastante sentida por ele no pensamento de Lévinas. Trata-se de reabilitar tanto quanto possível a perspectiva que foi e permanece a da maioria dos intelectuais franceses: a que vê o essencial da aventura humana ser disputado no plano da política e de seu combate. E Derrida procede a essa defesa, a esse reerguimento reabilitador, apelando para o recurso por excelência da sensibilidade que representa e prolonga: o realismo desmistificador. No fundo, basta fazer valer que a situação dual é puramente fictícia, que vivemos na verdade na mistura, entre as pluralidades qualificadas do mundo histórico, que habitamos a violência e o *pólemos* do ser múltiplos. Não se pode subestimar o que, na leitura e reconstrução derridianas, é justificativa erudita e bem documentada na perspectiva de uma resistência ao ensino de Lévinas, base de uma hostilidade profunda e motivada.

E contudo, como sempre, as coisas devem ser revistas em parte. É da mais alta importância que essa resistência tenha que se justificar com apoio argumentativo nos dispositivos de pensamento de Lévinas: deve-se apelar para sua elaboração do terceiro e sua distinção entre dois "momentos", o do para outrem fundamental e o da justiça. Isso também, com efeito, ganha autoridade para os seguidores de Derrida: seguindo seus passos, eles se limitam a expressar hostilidade, ao defender a primazia tradicional do político a partir do texto de Lévinas e tratando de fazê-lo dizer isso.

Mas o elemento de obediência vai mais longe, e não precisamos fazer mais do que retomar o que foi dito na segunda seção para demonstrá-lo. Vimos que Derrida desenvolve sua perspectiva da justiça "indesconstrutível" defendendo o papel da promessa de um messianismo político: a despeito ou graças a sua indeterminação radical, carregando a exigência infinita da justiça relativamente a toda consignação positiva do direito. Vincula essa perspectiva a Lévinas, autorizando-a mesmo a partir dele.

Certamente, tal como acabamos de ver, ele "desconstrói" a distinção levinasiana entre a ordem da justiça e o sentido originário da ética, para apregoar, essencialmente, ao mesmo tempo, que a fronteira dessa distinção é refutada por si mesma e que os dois domínios fronteiriços, uma vez reconhecidos como solidários, se limitam mutuamente. Mas, de um segundo modo ou num segundo nível, conserva essa distinção e a leva ao domínio da justiça, cuja preponderância sempre desejou: é no interior da justiça que se vê marcada a diferença entre um infinito que a comanda – o todo outro da justiça indesconstrutível – e um finito que a realiza de um modo sempre por desconstruir – o dos direitos promulgados. Já a correlação entre o infinito em causa e o concreto, e o duelo do enredo ético, se vê rasurada.

Para Derrida, o infinito deve ser "sem rosto" ou, antes, deve ser antes de tudo e primeiramente, em sua "própria impropriedade", impessoal, inapropriado: a linguagem, ou mesmo a ferida animal da vida, se compreendo bem, são balizas mais aceitáveis do que o rosto traído de Abel.

Heidegger

Falemos agora da leitura, por Derrida, desse autor em relação ao qual ele confessa ter sempre sentido, no interior de si mesmo, como uma espécie de vigilante-contramestre de sua escrita, olhando por sobre seus ombros para ver se não recaía em alguma ingenuidade pré--heideggeriana. Como se pode ler, conforme o imperativo de desconstrução, esse que se crê, em certa medida, manter o imperativo em questão?

Uma resposta fundamentada a essa questão exigiria tempo e análises mais longas: Derrida consagrou toda uma série de textos a Heidegger, cuja "homofonia" não deveria ser postulada. No que se segue, limitar-me-ei a algumas observações gerais, atendo-me a apreender, em alguns casos, o alcance dessa atitude.

Parece-me que uma primeira maneira de abordar o problema consiste em ler Heidegger mirando um pouco mais longe e de forma mais radical do que ele: referindo-se a objetivos intelectuais que ele, em princípio, deveria admitir, mas os quais se constata que apenas seguiu de modo imperfeito. Eu seria tentado a nomear esse modo de leitura como "extrapolação pela esquerda", embora aqui a expressão funcione de modo bastante surpreendente. Incluiria como uma leitura desse tipo aquela a que Derrida se dedica no artigo "Os fins do homem"[14]: esforça-se para mostrar que uma referência metafísica à essência e ao valor do homem não está verdadeiramente apagada dos textos de Heidegger, seja quando este pensa o *Dasein* em *Sein und Zeit*, seja quando se afasta do humanismo no sentido clássico, na "Carta sobre o humanismo".[15]

Quando Derrida lê dessa primeira maneira, está de fato na lógica da desconstrução. O combate contra a metafísica da presença, se foi bem entendido, é interminável, passando por um re-conhecimento de todos os caminhos da cultura, a fim de neles apontar a presunção de fronteira, a postulação abusiva de um próprio e de um essencial mais além do que se faz ao escrever, etc. Esse procedimento também se justifica a propósito desse com quem Derrida aprende ou pensa aprender o "princípio" da retirada da presença.

A tonalidade dessa primeira espécie de leitura é a tal ponto típica da filosofia derridiana que de algum modo

---

14. Cf. Jacques Derrida, *Marges: de la philosophie*, op. cit., p. 129-64. [Na edição brasileira: p. 149-77.]
15. Cf. Martin Heidegger, "Lettre sur l'humanisme", trad. R. Munier, in *Questions III*, Paris, Gallimard, 1966, p. 73-154. [Ed. bras.: "Carta sobre o humanismo", in *Marcas do caminho*, trad. Enio Paulo Giachini e Ernildo Stein, Petrópolis, Vozes, 2008, p. 326-76.]

fixa o ambiente da recepção de Heidegger, mesmo quando se tratará de utilizar seus escritos de forma um tanto diferente. Em todo caso, determina certa impossibilidade crítica fundamental: se Heidegger deve sempre ser criticado no modo da correção hiper-heideggeriana, seu lugar e sua força não seriam postos em questão em última instância. Trabalha-se sempre para seu projeto quando se imagina repreendê-lo.

Para dizer a verdade, Derrida também escreve textos sobre Heidegger que são – desde que lidos desse ponto de vista – puramente justificativos. Assim, o artigo "Le Retrait de la métaphore"[16] no fundo se apega a mostrar que não se pode acusar Heidegger de modo simplista de ter abusado do poder da metáfora em seus filosofemas (como "retirada do ser", "abertura" ou "casa do ser"). Tal suspeita, com o perfume antirretórico que o envolve, ignora o que Derrida tenta esclarecer: que o pensamento heideggeriano da abertura e da retirada do ser constitui recurso a partir do qual se pode compreender mais fortemente o que tais expressões dizem, num modo supostamente metafórico e mais além da noção mesma de metáfora. Seguindo Derrida, somos levados a julgar, por exemplo, que a locução *casa do ser* – empregada a propósito da linguagem – nos ensina o que quer dizer *casa*, em vez de instrumentalizá-la, ao deslocar analogicamente a significação tida como estável e entendida como palavra. Essa que me parece a tese mais fundamental do texto enfatiza evidentemente a profundidade do gesto heideggeriano, concedendo a Heidegger que sua meditação pode valer como "mais profunda" do que a linguagem em seus tropos.

Contudo, até quando Derrida trabalha de modo aparentemente confirmativo e não, à primeira vista, em

---

16. Cf. *Psyché: inventions de l'autre*, op. cit., p. 63-93.

absoluto no clima da desconstrução, nem por isso opera menos deslocamentos em relação ao texto heideggeriano. Segundo sua análise, a metáfora em sentido estrito não poderia ser vista, em termos heideggerianos, senão como a operação de significar um ente por meio de outro ente. Portanto, quando modos de expressão com aparência metafórica (como a expressão "retirada do ser") são empregados para significar o ser em vez do ente, o ser mais além de todo ente, não é mais da mesma metáfora ou da metáfora na mesma acepção que se trata. Derrida tenta chamar de quase metáforas essas metáforas que não o são mais; em todo caso, não podem mais sê-lo.

Essa distinção entre metáforas *stricto sensu* e quase metáforas corresponde, na axiomática heideggeriana, à distinção entre metáfora intrametafísica e metáfora extrametafísica. É justamente nesse ponto que se coloca o elemento de distanciamento de Derrida em relação a Heidegger: para ele, o limite da metafísica não poderia corresponder a uma diferenciação assinalável de territórios, dividindo necessariamente todo fenômeno ou toda modalidade do pensamento para consigo mesmo. Portanto, de modo singular, metáfora *stricto sensu* e quase metáfora devem permanecer entrelaçadas para Derrida. O ser mais além de todo ente, não significável e não referenciável, nunca tem outro *status* senão o vazio interno do traço ou do encetamento, senão o vazio da diferença que se marca: não se mantém em nenhum termo. A quase metáfora perde, portanto, forçosamente a não entidade do que busca dizer e se torna metáfora. A metáfora ordinária nunca detém o que ela significa ou designa indiretamente com segurança suficiente para impedir que nela se diga também a fronteira inapreensível entre as individuações, o vazio último do encetamento.

Em resumo, Derrida se esforça para repatriar o pensamento de Heidegger para o lado de um uso desmistificado dos signos, das ideias, da história; uso este em que se desconfia de toda nostalgia relativa a uma origem oculta ou comprometida, e em que se sabe poder apenas "ultrapassar" a metafísica vivendo nela e negociando derivas.

Por vezes, é difícil caracterizar o gesto de leitura de Derrida em relação a Heidegger; parece ligado, ao mesmo tempo, à "extrapolação pela esquerda", evocada no início, à justificação e ao distanciamento. Tal seria o caso da obra *Do espírito*[17], publicada no momento da controvérsia sobre Heidegger, lançada pelo livro de Victor Farias[18], que se apoiava no dossiê do compromisso do filósofo alemão com o nazismo, sempre tendencialmente esquecido ou minimizado, para dar dele e de sua filosofia uma visão repulsiva.

À primeira vista, nesse livro, Derrida se preocupa com simplesmente compreender o pensamento do espírito que se encontra em Heidegger: trata-se no fundo de saber qual figura este concebeu para o *Geist*, alta noção do espírito, promovida por excelência pela filosofia alemã.

Num primeiro nível, Derrida simplesmente relata como Heidegger, quando escolhe a denominação *Dasein* em *Sein und Zeit* para o existente humano, pretende exatamente se abster de dar crédito a algo como "o espírito": a noção do espírito, como a do sujeito ou do homem, consagra excessivamente aquilo de que fala, dando-lhe uma estatura metafísica e substancial. Uma parte do trabalho de Derrida, em seguida a essa advertência, consiste então em mostrar que Heidegger não consegue impedir que uma referência "metafísica" ao espírito retorne a sua pena e a seu pensamento. Mostra como esse valor volta à

---

17. Cf. Jacques Derrida, *De l'Esprit: Heidegger et la question*, Paris, Galilée, 1987. [Ed. bras.: *Do espírito: Heidegger e a questão*, trad. Constança Marcondes César, Campinas, Papirus, 1990.]
18. Cf. Victor Farias, *Heidegger et le nazisme*, Lagrasse, Verdier, 1987.

tona, primeiramente entre aspas, no próprio *Sein und Zeit*, depois abertamente numa série de textos posteriores. O procedimento de Derrida se vincula então, de modo típico, ao que chamamos de "extrapolação pela esquerda", surpreendendo Heidegger em flagrante delito de falta de radicalidade quanto à "destruição" da categoria espírito.

Mas no opúsculo derridiano também se encontram momentos justificativos. Estes dizem respeito à "definição" positiva do espírito, em que no final das contas Heidegger para, determinando o espírito como abrasamento, inflamação. O espírito é flama, é o que se deixa afetar por uma inflamação, na qual reside seu gesto fundamental. Derrida justifica essa análise do espírito em dois sentidos importantes:

> 1) Por um lado, naquilo que não é simplesmente um comentário, ele retoma por sua própria conta essa figura do espírito em chamas: descreve-a como a figura de uma "espontaneidade autoafetiva que não carece de nenhuma exterioridade para pegar ou para dar fogo, a fim de passar extaticamente para fora de si; [o espírito] se dá o ser fora de si [...] o espírito em chamas – dá e pega fogo sozinho, para o bem e para o mal, visto que é afetado também pelo mal, sendo a passagem para fora de si".[19] Como duvidar aqui da adesão de Derrida? É de fato ele, como sabemos, que pensa a "vida no sentido" como saída de si, exapropriação, escapada para um próprio que nunca existiu: é também ele que sempre enfatiza a ideia de que o mal e sua possibilidade habitam todo movimento associável de maneira fundamental à existencialidade

---

19. Cf. Heidegger apud Jacques Derrida, *De l'Esprit*, op. cit., p. 158. [Na edição brasileira: p. 123.]

humana: e, para finalizar, reencontramos nesse trecho uma tonalidade hegeliana audível, acrescentando-se à reformulação de Heidegger, justamente para torná-la derridiana.

2) Por outro lado, ele valida profundamente a pretensão transcendental de Heidegger: a de chegar, com essa noção do espírito em chamas, a algo a partir do qual as outras figuras do espírito são compreendidas, especialmente a cristã e a platônica. Derrida acolhe e aceita o ensino sobre o que chama no fim do opúsculo de *espírito arquioriginário*, identificado por Heidegger como o espírito em chamas. É obviamente um ponto essencial: uma vez que a lição que Heidegger pretende nos dar se refere muitas vezes ao originário, ao que – mesmo se for uma "construção fenomenológica" – torna possível tudo o mais, e segui-lo nesse tipo de ensinamento é algo muito forte.

Dito isso, encontramos igualmente uma parte crítica nessa meditação heideggeriana de Derrida. Por exemplo, repreende Heidegger por fechar em três termos (*spiritus*, *pneuma* e *Geist*) o jogo da regressão para o fundamental acerca do espírito: repreende-o por pensar, fora de toda exatidão intelectual, ter esgotado o que é preciso inquirir ao remontar ao grego e ao latim, ou à filosofia platônica e ao cristianismo. E chega a interrogar Heidegger sobre a ausência de qualquer referência ao que se chama de *ruah* em hebraico, correspondendo talvez a outra compreensão fundamental do espírito.

Mas será que esse movimento crítico não tem efeito reduzido quando, depois de ter escrito que "Heidegger fecha ou encerra violentamente o europeu nos idiomas que tinham contudo *incorporado* a tradução de uma língua ao menos e de uma historialidade que não é aqui jamais nomeada, pensada, e que talvez, com efeito, não se submeteria mais à epocalidade historial e à história do ser"[20] (observação que faz visivelmente referência à língua hebraica e à história judia), acrescenta que o lugar mais apropriado para refletir a liberação possível em relação a tal limite é indicada pelo pensamento do *Ereignis* em Heidegger? Aparentemente, basta a Derrida que em "Tempo e ser"[21] – em que o pensador alemão expõe e elabora o que chama de *Ereignis* – Heidegger não fale mais do ser e de sua história para que se estime ter recebido dele um "gancho" para além de todas as sequências culturais e históricas.

Outro aspecto do movimento crítico – sempre no opúsculo *Do espírito* – reside no fato de, na conclusão da obra, Derrida estimar indecidível a controvérsia que poderia se estabelecer entre certo cristianismo e Heidegger: o primeiro asseguraria em relação a Heidegger que este recebe a figura do espírito em chamas como o que ele próprio tentava sempre conceber e dizer; e o segundo responderia que apenas quis explicitar a condição primitiva de todas as concepções – entre outras, cristãs – sem recusar-lhes qualquer valor. O critério dessa competição pouco conflituosa (na qual, ao que parece, as duas partes entram em acordo quanto à descrição mais fundamental do espírito) seria a abertura a um "todo outro", de que o espírito seria capaz. Derrida não opta por nenhuma das interpretações: ao aceitar que as formações posteriores – a cristã, por exemplo – são tão capazes do *todo outro* quanto a figura arquioriginária, e que, em suma, as vias da repetição e da alteridade permanecem impenetráveis,

---

20. Ibid., p. 167. [Na edição brasileira: p. 130.]
21. Cf. Martin Heidegger, "Temps et etre", trad. J. Lauxerois e C. Roels, in *Questions IV*, Paris, Gallimard, 1976, p. 12-51. [Ed. bras.: "Tempo e ser", in *Heidegger*, trad. Ernildo Stein, São Paulo, Abril Cultural, 1979, p. 273-93, col. Os Pensadores.]

marca decerto uma divergência com o "espírito" do heideggerianismo.

Compreende-se a dificuldade que tentamos passar ao leitor detendo-nos mais extensamente no exemplo desse curto livro. Derrida lê Heidegger com uma intensidade filológica evidente, voltando ao alemão, opondo-se às traduções disponíveis e trabalhando para apreender a mínima ideia importante no curso das palavras. Esforça-se, antes de tudo, para dar uma riqueza máxima ao pensamento que decifra. E, no último momento, nos dispensa da obrigação de aderir e aprovar: no meio do dispositivo heideggeriano de pensamento, uma vez que tenhamos interiorizado e compreendido num modo implicitamente celebratório cada componente conceitual. Tem-se o sentimento de ser então, o mais das vezes, demasiado tarde. Entregou-se em demasia com os pés atados à jurisdição heideggeriana para poder ainda descomprometer-se de maneira forte e interessante.

O conjunto do que precede – cabendo lembrar que é uma evocação bastante parcial dos inúmeros comentários de Derrida sobre Heidegger – corre o risco de dar o sentimento de que Derrida não teria passado de um propagandista de Heidegger: que teria sobretudo se aferrado a nos fazer lê-lo à altura do que pensa e a enfrentar seus ensinamentos. Não quero negar essa apresentação do trabalho de Derrida, por mostrar, a meu ver, um de seus aspectos. Ademais, há nisso simplesmente algo reivindicado por Derrida: para ele, os filósofos devem, "depois de Heidegger", receber e assumir uma transformação profunda do campo filosófico determinada por este.

Todavia, dizer apenas isso seria injusto e incompleto. Existe, de fato, da parte de Derrida, uma vontade de também divergir de Heidegger. Parece-me que essa vontade se expressa essencialmente de duas maneiras ou em dois níveis.

Em primeiro lugar, Derrida luta contra o elemento nostálgico do pensamento heideggeriano. Julga que a evocação do erro originário da metafísica e a ideia do esquecimento de uma fulguração e de um mistério do ser "mais além" do *vir junto* da presença – esquecimento este que teria se consumido nos gregos, na manhã da filosofia, com o recolhimento do *vir junto* como presença constante –, que essa evocação e essa ideia, portanto, dão crédito, de modo ilusório, ao que estaria "antes" da perda, a demarcação histórica, a inautenticidade. Decerto, em termos heideggerianos, essa inumação originária é a da retirada do próprio ser, tanto e mais do que a de sua luz ou de sua presença. Mas Derrida estima que o relato dessa inumação não deixa de "construir" o começo como um começo no qual "estávamos" ainda presos às batidas do ser como a uma presença, como ao carnal e ao poético mesmo de nossa presença no mundo.

Ora, Derrida deseja, em vez disso, impor outra visão do tempo, outro pensamento de seu decurso: para ele, habitamos exclusivamente, desde sempre e sem nenhuma inflexão, a ausência da presença e a presença da ausência. Apenas há substituições e retardos. A metafísica não é um mau hábito para se sonhar com amanhãs pensantes; é nossa condição, nosso plano de humanidade: a desconstrução trabalha nela e a assombra, desfazendo interminavelmente – por meio de seu próprio recurso – o que tende a se construir nela. Como diz o próprio Derrida, a linha de separação da metafísica não pode ser traçada em suas bordas, especialmente em seu limite histórico.

Em segundo lugar, Derrida não acompanha Heidegger em sua avaliação da técnica. Para ele, expressa isso o fato de nosso *Estar-no-mundo* se realizar de forma técnica e de abordarmos qualquer ente enxertando nele nossos instrumentos, antes mesmo de envolvê-lo em dispositivos concebidos ou fabricados, correspondendo à falta de presença de toda coisa. Exatamente na medida em que nenhuma coisa se sustenta na unção e na bênção de um ser que a carrega, "enchendo-nos" de seu mistério ao dá-la, recebemo-la em seu "piscar" inconsistente, conectando-se a nossa própria intermitência ou evanescência. A técnica corresponde à insuficiência ou incompletude primaciais de toda apresentação, e o confirma suprindo-a, de acordo com uma lógica em que o pensamento da desconstrução se reconhece. De algum modo, essa leitura da técnica como economia legítima da ausência se aplica a dois domínios essenciais: o da percepção e o da escrita. Como já sugerimos no parágrafo anterior, Derrida considera a percepção como originariamente técnica. Essa interpretação é especialmente exposta, em relação a Jean-Luc Nancy, em *Le Toucher: Jean-Luc Nancy*. De modo mais primordial ainda, a escrita é vista com os olhos derridianos como intrinsecamente técnica, constituindo um dispositivo que conduz ao diferir e retardar, que inscreve e produz o efeito de idealidade sem garanti-lo ou fundá-lo. No limite, é derridiano conceber a escritura não apenas como "uma" técnica, mas como a depuração do gesto técnico, a alma de qualquer montagem de dispositivo. Bernard Stiegler sistematizou amplamente essa possibilidade da visão derridiana.[22]

A soma sinérgica desses dois modos de divergência do pensamento de Derrida com a *Stimmung* heideggeriana contou muito. Em seu tempo, suscitou uma liberdade respeitável, encorajando uma recepção não piedosa e a pesquisa de descrições, de exposições e de explicações de gênero diferente das que Heidegger legou. Contudo, permito-me expressar aqui um sentimento: em longo prazo, a vontade de não dizer nada que possa ser taxado como

---

22. Cf. Bernard Stiegler, *La Technique et le temps. 1. La Faute d'Epiméthée*, Paris, Galilée, 1994.

ingênuo por um especialista de Heidegger predomina sobre a intenção de derivar para além dele, de procurar novas formulações e novas paisagens, a ponto de as leituras derridianas parecerem às vezes – salvo engano – simplesmente heideggerianas.

IV
Perspectivas pós-derridianas

Não se pode esquecer o ponto da história e o estilo de desejo em que se habita quando se tenta descrever as retomadas de um pensamento oferecidas depois dele. Vejo o encadeamento em relação a Derrida como apenas podem ver os que foram, muito ou pouco, formados no trabalho e no questionamento filosóficos por vozes como a de Derrida. Tal posição comanda, a um só tempo, certo tipo de dívida e certa espécie de reticência possível. A antecipação do campo das pesquisas filosóficas que hoje se anunciam – das quais sou capaz – é tributária, ademais, da orientação que tento eu mesmo assumir e defender. Admitamos, portanto, com toda a simplicidade, essa relatividade inexorável.

Posteridade atmosférica

É preciso dizer, antes de mais nada, que a posteridade de Derrida se iniciou, ganhando forma, ainda quando estava vivo. Há diante de nossos olhos, a nosso lado, pessoas que podem ser vistas como continuadoras de Derrida; autores que fazem viver algo como um "espaço derridiano", acrescentando-lhe temas ou formas. É ao menos o caso do saudoso Philippe Lacoue-Labarthe e de

Jean-Luc Nancy. De modo mais amplo, a editora Galilée acolhe com prazer textos dessa procedência; creio que isso é bastante sabido e até esperado. A continuação pós-derridiana assume também outros modos, um pouco mais distanciados. Certa maneira de fazer história da filosofia na França se inspira em Derrida, consistindo essencialmente em cruzar e conjugar duas exigências: a da precisão e a da completude "filológicas", valorizadas faz trinta anos, com o fim de reforçar o caráter profissional e científico da filosofia; e a da "recondução ao paradoxo" dos pensamentos e textos lidos, recondução esta aprendida especificamente com Derrida. No final das contas, retém-se sobretudo do pensamento e da estratégia da desconstrução que cada obra constrói um impossível, cujo encontro e prova singular ela representou. E concebe-se todo trabalho com essa obra como encarregado de exibir esse impossível e o circuito que lhe é próprio. Escreve-se sobre Descartes a fim de mostrar que ele não poderia estabelecer o método com que sua filosofia trabalha, que ela o interdita tanto quanto o promulga. Escreve-se sobre Hegel a fim de pôr em evidência a ausência – e a rejeição para além de toda fase efetiva do processo – do absoluto que, todavia, seu discurso não cessa de conceber ou convocar.[1] E sobretudo, fazendo isso ou aquilo, é por meio de uma exuberância e de uma multiplicidade de análises que se atua, exumando textos menos conhecidos, a correspondência, as formulações raras e paradoxais, etc. Desse modo, um trabalho pode ser derridiano e, ao mesmo tempo,

---

1. Esses dois exemplos são ficções propostas para tornar o procedimento mais vivo e compreensível. Descrevo algo que percebi no trabalho de alguns colegas, sem citar nomes, nem pretender recobrir com exatidão tal ou qual produção de uns e de outros. Cabe acrescentar que relato com a maior simpatia o que compreendo como o caminho deles.

reconhecido num espaço acadêmico apaixonado pela profusão de detalhes eruditos.

Além dos que, adotando tais fórmulas de leitura, se relacionam conscientemente a Derrida, há os que gravitam em grupos e contextos nos quais Derrida não tem lugar, estudando problemas com ambições bem diferentes, mas que, no final das contas, se aferram a enfatizar o inextricável. Um dos modos de dar ao que se faz uma assinatura derridiana é mostrar a aporia impossível de se escapar. Aporia que será revelada em condições tais que, ao lhe ter acesso, fica-se preso, debatendo-se, em vez de se colocar numa posição superior com a possibilidade de furtar-se no momento em que é descoberta.

Há também uma espécie de posteridade e um modo de recepção que correspondem negativamente aos que acabamos de evocar. Com efeito, para toda uma opinião filosófica, Derrida funciona como emblema do que não se deve fazer: de uma errância exemplar, a ser recebida com toda cautela. Foi sobretudo para o racionalismo analítico que o nome de Derrida assumiu esse valor. Pôde-se apreender o sintoma disso no movimento de resistência contra a atribuição a Derrida do título de doutor *honoris causa*, pela Universidade de Cambridge, há alguns anos (em 1992), movimento que reuniu várias personalidades filosóficas de prestígio.

Mas, de forma mais geral, é em toda parte no planeta que professores, preocupados em manter seus estudantes nos trilhos da razão e do argumento, tomam Derrida como bom contraexemplo, fustigando seus escritos e procedimentos a pretexto de incorreções lógicas ou absurdos imediatamente óbvios que se encontram aqui e ali. Pode-se espantar que Derrida desempenhe esse papel mais facilmente do que outros, que sirva como referência para o "erro" racional do *French Thought* de maneira preferencial. Contudo, é preciso modular também o que acabou de ser dito, por meio de uma distinção: o besteirol[2] de Sokal e Bricmont poupa relativamente Derrida[3], enquanto Deleuze é o alvo predileto. Mas esse besteirol não emana de defensores da boa maneira de proceder em filosofia: lembremos que, em vez disso, provém de cientistas exasperados com os estragos exercidos sobre o progressismo americano por certo modo de escrever e de pensar.

Em contrapartida, para os especialistas da filosofia em que pensamos aqui – majoritários a ponto de a representar no plano internacional –, Derrida é o melhor mau objeto, porque não se dá nem mesmo a desculpa do "transe". Se sua prosa é estranha e no final das contas irrecuperável do ponto de vista do racionalismo analítico, apresenta-se, contudo, como um exame conceitual desmistificador: ilude por sua fachada, a ponto de poder parecer, à primeira vista, aceitável. Os textos de Deleuze, até mesmo suas monografias-comentários do início, se dão todos como um movimento impetuoso, como uma visão que cria sua atmosfera e seu mundo, inscrevendo-se de pronto num gênero impossível para o racionalismo de que falamos. Razão pela qual decerto Derrida se impõe como a indicação exemplar do que se deve evitar: é o autor que "toca" o *French Thought* com harmonias enganadoras, correndo o risco de extraviar o leitor. Articular a reprovação metodológica e a desqualificação local de

---

2. Cf. Alan Sokal e Jean Bricmont, *Impostures intellectuelles*, Paris, Odile Jacob, 1997. [Ed. bras.: *Imposturas intelectuais*, trad. Max Altman; rev. técn. Alexandre Tort, 3ª ed., Rio de Janeiro, Record, 2006.]

3. Até aqui eu pensava que Derrida estava totalmente ausente da compilação sokaliana. Entretanto, ao ler Frédéric Nef, descubro que ele comparece aí, ao menos de forma implícita, na medida em que uma citação sua é integrada ao falso artigo ("Transgressing the Boundaries: Towards a Transformative Hermeneutics of Quantum Gravity"), que Sokal conseguiu publicar na revista *Social Text*, em 1996 (cf. Frédéric Nef, *Qu'est-ce que la métaphysique?*, Paris, Gallimard, 2004, p. 186-7).

Derrida é, portanto, a melhor maneira de construir a barreira protetora.

Decerto, o que dissemos até o momento já contribui para mostrar a presença entre nós de um pensamento ao evocar os trabalhos e as maneiras de trabalhar daí oriundas ou então ao mencionar a rejeição polêmica estabelecida, que também o traz de volta à paisagem. Mas isso ainda não nos dá uma ideia filosófica da posteridade de Derrida. Para se ter uma noção, desejar-se-ia saber o que pode advir dos temas trazidos por Derrida para o debate filosófico. Se a partir de agora tentamos nos colocar mais estritamente nesse nível, a primeira coisa a avaliar é, forçosamente, a posteridade do "pensamento central": de que modo este já é retomado e fecundado, ou pode-se antecipar que o será nos anos vindouros?

Retomadas do pensamento central

Minha impressão – que talvez só expresse minha parcialidade e minha ignorância – é que, por enquanto, não assistimos a "relançamentos" do pensamento central de Derrida que manifestem sua fecundidade, deslocando-o e discutindo-o, pondo-o para trabalhar e à prova. Esse pensamento se mantém preferencialmente em nosso espaço como uma espécie de dogma estruturante, como uma "verdade" estável, o que é bastante surpreendente para tal forma de pensar, que afirma a necessidade intrínseca do deslizamento deletério de toda verdade.

É verdade que a dificuldade está em encontrar o ângulo de consideração que permita o que acabamos de chamar de "um pôr para trabalhar que seja um pôr à prova". Em função da própria disposição do discurso derridiano em Derrida, parece-me que tal disposição deveria se orientar pela linguagem e mesmo encontrar recurso nela, como força e fonte do encadeamento filosófico. Como se pode conceber isso?

1) Pode-se imaginar um "prolongamento" do pensamento central de Derrida pelo lado da linguística. As perspectivas não são nulas nesse aspecto: penso que bastaria voltar-se para as correntes linguísticas que se opuseram no decorrer das últimas décadas ao paradigma lógico-gramatical, sem aderir maciçamente a uma alternativa geométrico-topológica. Em certo sentido, todas as semânticas que acentuam a dimensão contextual e a dimensão pragmática têm um solo comum com o pensamento central de Derrida. Mas, em função do estilo e do texto derridianos, essa forma de diálogo se tornou difícil pela forte resistência objetada a tal interdisciplinaridade.

Guarda-se a lembrança da retomada por Derrida das análises de Saussure ou de Benveniste: nosso autor parecia estabelecer um cordão de proteção entre o que as linguísticas observam – ou as genealogias que traçam – e a assunção filosófica de motivos por vezes homônimos. Em certos aspectos, Derrida representa, por excelência, para o exterior do campo filosófico, o guardião austero da distinção desse campo, de modo muito diferente de Deleuze, para fazer uma comparação. Os próprios esforços filosóficos para compreender a situação das linguísticas no contexto do pós-estruturalismo e das ciências cognitivas, a que assistimos hoje, terão, portanto, a tendência de se esquivar da referência derridiana, embora talvez isso seja uma pena.

2) Pode-se imaginar o tipo de reativação pela qual nos interessamos por meio de um diálogo com a filosofia analítica. Originalmente, Derrida estabeleceu algumas pontes com esse continente, referindo-se a Peirce[†] ou a

Austin[†]. E o debate que o opôs a Searle[†4] aparece, de todo modo, como um sintoma do que poderia ou deveria haver como "assunto comum" entre Derrida e o entendimento analítico. Tem-se a impressão de que a reflexão poderia ser retomada hoje de modo frutífero, uma vez que certo número de animosidades de princípio e, em todo caso, de lacunas culturais desapareceram do caminho (nem todas e nem de todos os lados, lamentavelmente). Entre outras perspectivas, como não imaginar que uma vibração comum poderia ser encontrada entre a filosofia de Wittgenstein e o pensamento central de Derrida? Em análises que deslocariam e prolongariam temas e avaliações?

Tudo isso não é absurdo, mas não acontece até o momento, em todo caso, pelo que sei. Uma das razões, que já aparecia no debate com Searle, seria que o motivo da *iteração* não parece poder ser inserido na problemática analítica: a filosofia da linguagem de tipo analítico veria como inessencial para a linguagem o fato de toda expressão linguística ser, enquanto tal, unidade de uma série repetitiva, ou seja, segundo ela, inessencial para o sentido e para a verdade. Em suma, para a filosofia analítica, ou bem a repetição das unidades e das formas expressivas é uma verdadeira repetição e não conta – todo o peso da análise se imprime na invariabilidade, que é o próprio fato linguístico –, ou então a repetição é vista como repetição que difere, envolvendo defasagem e variação, e então não há mais linguagem, nem mais compartilhamento dos conteúdos e das regras. Mas, exatamente, formular esse desacordo não seria o ponto de partida possível para uma reflexão fecunda "entre" as duas autoridades?

---

4. Debate cujas minutas podem ser lidas em Jacques Derrida, *Limited Inc*, Paris, Galilée, 1990. [Ed. bras.: *Limited Inc*, trad. Constança Marcondes César, Campinas, Papirus, 1991.]

3) Até o momento, a posteridade observável do pensamento central reside antes numa filosofia da linguagem que é, na verdade, uma filosofia dos textos. Uma filosofia que estuda o pensamento, a história, os fins atribuídos e as regras reconhecidas, de certo modo "sob condição textual": por meio dos textos recebidos, dos escritos e dos esperados. Essa filosofia dos textos algumas vezes trabalha de um modo já inscrito no exercício literário, outras vezes numa ótica conceitual da filosofia, mas recusando-se a perceber a conceitualidade independentemente das longas sequências textuais emaranhadas, na qual é feita e dita. A filosofia derridiana aparece então, com referência ao prolongamento do pensamento central, como uma filosofia semelhante à analítica por reconduzir o conceito à linguagem, mas também diferente por reconduzi-lo ao patamar textual, em vez do patamar frástico. O livro *Les Promesses du langage*, de Marc Crépon[5] – para citar exclusivamente um caso – me parece ilustrar essa espécie de posteridade.

4) Mas pode-se imaginar outra posteridade do pensamento central de Derrida, que se vincularia mais ao nível metafísico do que ao "plano da linguagem". Tratar-se-ia dessa vez de prolongar, numa sistematização nova, categorias metafísicas fundamentais, que se deixariam inventariar nas formulações do "pensamento central". Ao menos, a categoria do *outro*; mas também talvez a do *um*, do *mesmo*, e mais além de toda uma série de conceitos mais regionais, porém trabalhados de modo metafísico por Derrida (*força, morte,* etc.); e, enfim, alguns conceitos "acrescentados" por ele ao registro metafísico, como a *différance*,

---

5. Cf. Marc Crépon, *Les Promesses du langage: Benjamin, Rosenzweig, Heidegger,* Paris, Vrin, 2001.

o intervalo, o encetamento, o traço, o rastro retomado de Lévinas, etc.

Derrida faz uso de todas essas noções jogando com uma absolutidade metafísica disponível a partir delas, fazendo-as ressoar como se referindo-se a todo ente. Diz *rastro* em modos tais que quase tudo é rastro; diz *força* com ênfase tal que nada escapa a sua determinação como força; fala de encetamento de tal maneira que por trás de qualquer coisa um encetamento pode ser lido. Mas recusa-se a entrar no regime de uma textualização puramente conceitual, que editaria a verdade metafísica da rede de todas essas palavras e de seus empregos. Não escreve "sua" metafísica, a que exporia de modo convincente o ser como intervalo, queda, movimento diferencial.

De modo que tal metafísica vem apenas como efeito do trabalho de desconstrução, o qual se instala, para começar, numa espécie de postura epistemológica. Primeiramente, levam-se em conta as acepções e as hierarquias que estruturam um discurso e que a análise conceitual atenta deve discernir do texto em que o discurso se expressa. E é ao reconduzir o texto desconstruído a sua metafísica implícita que Derrida ao mesmo tempo libera os artigos do que seria outra e nova metafísica: a que, em suma, a metafísica do texto desconstruído tende a proibir.

Será possível sonhar com uma posteridade metafísica de Derrida em que as teses dessa metafísica resultante, apresentadas numa forma epistemológica, sejam organizadas num sistema de verdades radicalmente universais? Não está excluído que alguns empreendimentos espetaculares da filosofia francesa contemporânea já sejam dessa ordem. Em todo caso, existe aí um caminho de posteridade que mereceria ser descrito *a priori*.

Política, literatura, estética

Gostaria agora de evocar outra dimensão de posteridade filosófica para o pensamento de Derrida: nesse domínio que vimos o quanto ele abordou, o do político.

Já apresentei, no segundo capítulo, os elementos políticos da filosofia derridiana do seguinte modo: vendo-os como uma origem possível da postura de política radical hoje, a que mantém a radicalidade fora de todo projeto global.

Parece-me que a primeira coisa que se deve mencionar é que, segundo as informações que detenho, a opção derridiana gera debate a esse respeito especialmente na área americana. Se algumas obras, como a de Judith Butler[†], pelo que pude compreender, se mantêm dentro da herança derridiana — por exemplo, ao descrever as identidades de gênero como enrijecimentos que buscam conjurar um vazio de determinação originária, um luto de si como identidade, que seria o que nos "assina" de forma mais autêntica –, a política derridiana também foi alvo de ataques, como não sendo verdadeiramente política e, no limite, inimiga da própria possibilidade do político no sentido verdadeiro. É-lhe objetado que, ao recusar a possibilidade de distinguir de modo simples um programa exato e uma realidade descrita em sua nocividade, ela corta o elã de toda mobilização e desconsidera qualquer ação.

Todavia, pode-se pensar, ao contrário, que a filosofia de Derrida é um recurso para um novo tipo de política. A esse respeito, uma maneira óbvia de aprofundar o ensino de Derrida, em conexão com a vontade de lhe dar uma posteridade no domínio político, seria envolver sua confrontação com os procedimentos de filosofia característicos da contemporaneidade mais recente: esses procedimentos que colocam os problemas de justiça e de normatividade num clima racionalista, voluntariamente caracterizado pela apresentação do nível linguageiro. Penso, é claro, em Rawls†, Habermas†, Taylor†, Walzer†, Honneth† (por mais dessemelhantes e por vezes aparentemente distanciados do esquema geral apresentado há pouco que possam parecer). Pensar a justiça a partir de uma avaliação crítica da racionalidade seria tão absolutamente diferente de a pensar a partir das exigências assumidas com referência à racionalidade? Parece-me que não é muito derridiano acreditar nisso com demasiada facilidade. Daí o projeto de conceber uma filosofia política que "ultrapasse" essa alternativa, projeto este suscetível de motivar pesquisas fecundas.

Se tal posteridade viesse à luz, também seria de natureza a pôr em nova perspectiva a herança do "pensamento central": este não é, por assim dizer, constantemente formatado pela missão que lhe é atribuída de valer como política? O que será do dispositivo fundamental de Derrida se se tentar expurgar sua ressonância ou seu uso político? Será que resiste a tal operação, recusando tais retomadas?

Para completar o quadro, seria preciso falar aqui da repercussão das ideias de Derrida no domínio estético e literário, indagando-nos quais evoluções podem sobrevir a esse respeito a partir de sua contribuição. Este autor está altamente consciente de não ser a pessoa mais adequada para julgar esse aspecto da posteridade de Derrida.

Por um lado, a recepção a Derrida foi entusiasmada, por razões que têm tudo a ver com a celebração filosófica do fato literário que aí se encontra, e até mesmo mais além, pela conivência e a hibridação com a literatura, descritas no capítulo "O percurso".

Por outro lado, essa recepção prejudica a filosofia de Derrida, como a todas as filosofias do *French Thought*, na medida em que permite diminuí-las em sua relação com o motivo racionalista em geral, contrariamente ao que era a intenção histórica desses pensamentos (o que acabo de dizer foi afirmado com a clara consciência de que a conotação negativa da literatura em tal matéria é intrinsecamente inaceitável).

E, por um terceiro lado, são ouvidas vozes – por exemplo, no campo literário – que protestam contra uma instrumentalização da coisa literária pelo olhar desconstrucionista. Alguns eruditos letrados desejam que os textos possam dizer algo diferente da distância a si mesmo do significado e do referente. De forma mais exata, pedem que a estratégia de leitura conscienciosa passe mais pelo exame preciso das condições particulares efetivas de cada texto, condições que são sociais, históricas ou estilísticas: julgam que estas não só têm a vocação de ilustrar e manifestar as grandes continuidades em relação ao texto, quanto, na direção inversa, informam positivamente uma imagem ou um sentido que o texto promove e veicula.

Claro está que um derridiano defenderia que Derrida não pensava de outra forma, jamais tendo desejado instituir a desconstrução como dogma unificador dos comentários. Digamos simplesmente que um prolongamento filosófico interessante de Derrida poderia consistir numa consideração frontal dessa espécie de dificuldades, e a tentativa de as tratar, fazendo progredir nossa compreensão das tarefas da filosofia e da crítica, se preciso reelaborando o "pensamento central".

Consideração final

O último momento desta conclusão se situará noutro plano: para terminar, gostaria de dizer algumas palavras sobre o que me parece a "virtude" trazida por Derrida para nosso mundo filosófico. Sobre algo que me parece inestimável e que se situa mais além da mensagem conceitual que todo este livro tentou tornar acessível por meio da exposição.

Como o percebo, Derrida dispôs uma espécie de norma de escuta-leitura dos pensamentos. Por sua própria forma de escrever e reagir, por seu modo inteiramente característico de defender os autores vítimas de imputações maciças (a "defesa" de Descartes contra Foucault em *A escritura e a diferença* seria o protótipo disso), deu-nos a pensar que não podíamos categorizar e jogar fora um texto sem lê-lo: a palavra *ler* sendo aqui entendida num sentido forte, requisitando não apenas nosso esforço intelectual de análise das noções no grau de profundidade real que lhes é inerente, mas também uma espécie de gesto de transposição, por meio do qual chegamos a habitar a postura do que lemos.

Imagino que se retém mais fácil ou mais frequentemente o direito de "engravidar" todos os pensamentos, escutando-os contra eles próprios, como o que se associa comumente – e não sem alguma pertinência – à desconstrução. Mas não creio que se possa negar que, para Derrida, essa "parte" da desconstrução só era legítima se a escuta-leitura fosse real ou se essa escuta-leitura se realizasse ao mesmo tempo no sentido que acabou de ser sugerido. Nele, esse princípio de escuta-leitura me parece ligado ao motivo "radical-socialista" que muitas vezes enfatizei nestas páginas: a sua recusa de aderir a ideias absolutas da fuga ou do ultrapasse, a sua lembrança teimosa do que é insuperável, das metades das dicotomias de que não nos livramos, etc.

Segundo Derrida, somos obrigados a acolher de modo equânime as proposições de pensamento, para experimentar na escuta-leitura o que nos dão. Derrida, no fundo, assumiu esse princípio de acolhida intelectual como outros filósofos da cultura ou grandes racionalistas, ou hermeneutas, sendo que com nenhum dos quais coincidia (Cassirer, Ricœur, etc.). O elemento raro é que tal atitude tenha podido vir de um filósofo ao mesmo tempo extremista a seu modo, como é mais óbvio e resumi aqui. Talvez uma parte de sua singularidade seja ter introduzido algo de tal estado de espírito.

Em última análise, o nome de Derrida ecoa perto de mim como sinônimo de um imperativo de ruminação: vamos nos absorver nos textos mensageiros de todas as formas de pensamento. Decerto Derrida não operacionalizou pessoalmente essa injunção em todos os domínios possíveis, Mas ela permanece ligada a ele, dando-lhe um estranho odor de sabedoria no seio de uma constelação extremista. Em primeiro lugar, isso torna capaz de pôr em diálogo o campo Deleuze-Foucault e o campo Lyotard-Lévinas do *French Thought*. Mas poder-se-ia utilizar Derrida como fator de interlocução para ir mais longe em relação aos procedimentos pesadamente diferentes, como os dos pragmatismos e dos racionalismos analíticos.

Princípio de escuta-leitura, potência de diálogo a partir da própria desconfiança generalizada que se insinua na desconstrução: tais serão minhas últimas palavras.

Índice dos nomes próprios

A
Althusser, Louis 14
Artaud, Antonin 82-3
Aucouturier, Marguerite 14
Austin, John L. 14, 85, 129, 148--9, 151, 157

B
Barthes, Roland 14, 27, 90
Beauvoir, Simone de 14
Benveniste, Emile 128
Bergson, Henri 13
Blanchot, Maurice 14, 82
Bourdieu, Pierre 14
Boutroux, Emile 13
Brouwer, Luitzen Egbertus Jan 151
Brunschvicg, Léon 13

C
Cavaillès, Jean 89, 152
Chalier, Catherine 104
Châtelet, François 15
Crépon, Marc 130

D
Deguy, Michel 14
Deleuze, Gilles 15, 18, 49, 61, 126, 128, 136, 153
Descartes, René 61-2, 101, 124, 135
Diderot, Denis 80
Dupin, detetive 57-9

E
Eros 53
Europa 23, 67, 69, 72
Evrard, Louis 67n, 145n

F
Farias, Victor 114
Faye, Jean-Pierre 15
Flaubert, Gustave 18
Foucault, Michel 14-5, 18, 61-2, 101, 135-6, 152
Franck, Didier 96, 152
Freud, Sigmund 15, 48-9, 51-5, 57, 69, 145
Fukuyama, Francis 15, 70

G
Gandillac, Maurice de 14
Genet, Jean 82
GREPH 64-5
Guattari, Félix 15

Guizot, François 69

H
Habermas, Jürgen 133, 153
Haby, René 64
Hegel, G.W.F. 13, 83, 92, 124, 157
Heidegger, Martin 13-4, 20, 29, 31, 38, 81, 83, 92, 101, 110--21, 152-4, 157
Hugo, Victor 18
Husserl, Edmond 12-3, 20, 25, 92--9, 101, 147-8, 152
Hyppolite, Jean 14

J
Jabès, Edmond 82

K
Kojève, Alexandre 13

L
Lacoue-Labarthe, Philippe 123, 154-5
Lalande, André 13
Laruelle, François 104
Lecourt, Dominique 15
L'évinas, Emmanuel 14-5, 20, 29, 67, 74, 76-8, 92, 99-109, 131, 136, 153-4
Lévi-Strauss, Claude 25, 89-90
Levy, Bernard Henri 61
Lyotard, Jean-François 16, 18, 49, 61, 136, 154

M
Marcel, Gabriel 13
Maritain, Jacques 13
Markstein, George 42n
Marx, Karl 15, 48-9, 61, 67-9, 145
McGoohan, Patrick 42

Merleau-Ponty, Maurice 13-4, 89, 96, 154, 157
Metternich, Klemens Wenzel von 69
Montesquieu 80
Munier, Roger 111n

N
Nancy, Jean-Luc 96, 120, 124, 153-5
Nef, Frédéric 126n
Nietzsche, Friedrich 48, 53, 92, 153
Nizan, Paul 13
Nora, Pierre 14

P
Pascal, Blaise 80
Poe, Edgar 57-8
Proust, Marcel 18

R
Rogozinski, Jacob 46n, 50n
Rousseau, Jean-Jacques 25, 31-2, 35, 80, 89-90, 156
Rousset, Jean 84
Rubel, Maximilien 67n, 145n

S
Safar, Georgette 13
Sartre, Jean-Paul 13-5, 18, 51, 80, 154-5
Serres, Michel 14
Sísifo 41-2
Soljenitsin, Alexandre 61, 74
Stiegler, Bernard 120
Stirner 68

T
Talmude 91
Tânatos 53

Torá 91

V
Valéry, Paul 82, 84

Voltaire 80

W
Wittgenstein, Ludwig 129, 157

Índice das noções

A

abertura (*déclosion, érschlossenheit*) 30-1, 112
absolutamente outro 101-3
alter ego 101
alteridade 39, 51, 55, 101, 117
anteposição do comentário 90
apresentação (*présentation*) 25-6, 120
arquioriginário 116-7
assombrologia (*hantologie*) 67
ato de linguagem (ato de fala, *speech act*) 84, 105, 151

C

capitalismo 37, 64, 73
casa do ser (*Maison de l'être*) 112
ciências cognitivas 46, 128
comunismo 65, 67n, 69, 74
crítica 18, 34, 38-9, 64, 68, 82-4, 93, 104, 112, 116, 133-4

D

Dasein 111, 114
dedução natural 40
desconstrução 21, 37-43, 47-55, 60-76, 98, 100-2, 106-7, 110--3, 119-20, 124, 131, 134-6

dez chagas (*Dix plaies*) 70-6
différance 21-34, 42, 46, 53, 59, 83, 130
Dito 77n, 105-6
Dizer 52, 77n, 105-6

E

encetamento (*Entame*) 29-31, 44, 113, 131
enredo ético (*Intrigue* éthique) 103-5, 110
Ereignis 31, 117
escrita ou escritura (*Écriture*) 25--8, 31-3, 44, 52, 81-4, 89, 104, 110, 120
estruturalismo 21, 128
extrapolação pela esquerda (*Débordement par la gauche*) 111, 114-5

F

fenomenologia da percepção 96
filosofia das matemáticas 97
fonema 22-3, 28
French Thought 61, 125-6, 133, 136
fusão 94
futuro anterior 17, 44-6, 107

G

Geist (Espírito) 114, 116

H

hibridação 80, 86, 134
história da filosofia 18, 61, 124

I

idealidade 33, 44-5, 94-5, 98-9, 120
imanência fenomenológica 93-6
inextricável 108, 125
inscrição 28-30, 36
intencionalidade de significação 94
introdução da negação 40
intuicionista 96-7
iteração 129

J

justiça 39-41, 67, 75-9, 107-10, 133

L

logocentrismo 26, 90

M

messianismo 67, 75, 109
metafísica da presença 21, 34, 37-8, 43-4, 60, 66, 82, 98, 102, 111
metáfora 85, 102, 112-3

N

noético-noemática 99

O

ontologia negativa 22-3
outrem (*Autrui*) 29, 55, 77, 101-3, 105, 108-9

P

paradoxo 41, 57, 102, 124

pensamento central 20-46, 81, 89, 92-3, 96, 127-34
pneuma 116
política 37, 39, 61-78, 101, 103, 107-9, 132-4
pragmática 36, 85, 128, 155
preenchimento 23-4, 95-6
princípio de contradição 34-5, 38, 40
princípio de prazer 52-6
princípio de realidade 52-6
pulsão de morte 52-4

R

radical 18, 20, 27, 37, 51, 54, 60--79, 98, 101, 103, 106, 109, 111, 132, 135
rastro (*trace*) 21, 28-30, 33, 39, 46, 106, 131
referência 23-4, 30, 33, 35-9, 42, 48, 60, 74-6, 100, 104-8, 111, 115-7, 125, 128-30, 133
relação ética 77, 105
representação 32-3, 69, 83
retirada do ser (*Retrait de l'être*) 112-3
revolução 18, 37-8, 145
ruah 116

S

semiótica 26, 33, 95, 155
sempre já (*Toujours déjà*) 17, 44
significado 22-4, 36, 42, 48, 59, 82, 96, 104, 107, 134, 149
significante 22, 28, 46, 50-1, 58--60, 93
signo 22-46, 114, 149
sincrônica 28
sistema de signos 22, 32, 34
spiritus 116
suplemento 21, 25, 31-4, 36, 90

T

técnica 120
terceiro (*Tiers*) 77-8, 107-9
todo outro (*Tout autre*) 75, 76-8, 110, 117
traço 14, 28-9, 113, 131
transcendental 34, 96-9, 101-2, 116

V

valor de troca 68
valor de uso 68
verdade 23, 34-6, 45, 54-7, 95, 98, 105, 107, 109, 127, 129, 132
voz 25-8, 35, 92, 123, 134

Glossário

Crítica prática. Noção marxista, que designa uma modalidade não teórica da crítica, uma crítica em ato. As lutas do movimento operário "criticam" as tendências e as regras do capitalismo no nível concreto dos atos, embora não sejam acompanhadas de nenhum enunciado que explicite o conteúdo da crítica. Marx emprega de modo satírico a noção quando, falando de uma obra em dois volumes em que Engels e ele acertariam as contas com a filosofia pós-hegeliana, escreve: "Tínhamos atingido nosso objetivo principal: *a boa inteligência de nós mesmos*. De bom grado, abandonamos o manuscrito à crítica roedora dos ratos".[1]

Freudo-marxismo. Familiar ao ouvido dos que viveram os anos 1960 e 1970, a expressão não parece ter uma significação normalizada: em todo caso, não designa um movimento oficial, que teria tido sua socialidade e suas instituições. Contenta-se com evocar uma atmosfera de recepção e de leitura conjugadas de Marx e de Freud, que leva a associar as duas obras como ferramentas para a emancipação e a revolução. Duas obras desempenharam

---

1. Cf. Karl Marx, *Critique de l'économie politique*, trad. M. Rubel e L. Evrard, in Karl Marx, *Œuvres: Economie I*, Paris, Gallimard/La Pléiade, 1965, p. 274.

um papel decisivo para essa atmosfera nos anos 1960: a do psicanalista Wilhelm Reich (1897-1957) e a do filósofo Herbert Marcuse (1898-1979).

Idealidade. O uso da palavra idealidade talvez tenha se tornado popular na filosofia francesa graças a Jean-Toussaint Desanti, em razão da publicação de seu livro *Les Idéalités mathématiques* (Paris, Seuil, 1968). As idealidades matemáticas são os objetos de que trata o conhecimento matemático; portanto, objetos que não são apreensíveis pelos sentidos no espaço e no tempo, mas constituem "tipos", que abordamos apenas por meio das escritas ou das representações, as quais as ilustram ou as convocam. Dito isso, a noção filosófica de ideia subjacente vem muito simplesmente de Platão: todas as coisas que são belas têm em comum o belo, o qual não coincide com nenhuma delas, mas de que cada uma participa. Platão coloca entidades mais além do sensível, as *ideias*, que são, para ele, as razões essenciais das qualidades observáveis das coisas concretas, os modelos a partir dos quais foram engendradas. De maneira contemporânea, vê-se sobretudo a idealidade na estrutura ocorrência/tipo, que se encontra obviamente na linguagem. O que chamo de palavra da língua "mesa" não coincide com nenhuma de suas ocorrências possíveis num texto escrito ou numa mensagem oral, mas transcende cada uma dessas ocorrências como o tipo que cada uma atualiza e ilustra, tipo este inapreensível embora onipresente, detendo o *status* da ideia platônica: o de uma idealidade na linguagem teórica e filosófica contemporânea.

Ideia estética kantiana. No parágrafo 49 da *Crítica da faculdade de julgar*, Kant introduz a noção de "ideia estética". Designa com isso "representações da imaginação" que dão a pensar infinitamente, em vez de coincidir de forma exata com uma classe de ilustrações nomeada por um conceito determinado. O que não se deixa vincular de acordo com o sentido a tal ideia estética é indeterminado *a priori*, mas, virtualmente, não tem limite. Não se pode reconduzir o conteúdo da ideia estética a um critério conceitual unívoco suscetível de circunscrevê-lo. A propósito da ideia estética, a imaginação elabora o sentido e o amplia infinitamente. Os exemplos primordiais de ideias estéticas são fornecidos por Kant com a poesia: cita alguns versos do imperador Frederico, o Grande, que compara o fim da vida ao pôr do sol, e engloba nessa comparação todo um conjunto de associações. Nesse uso kantiano, a ideia não é, como de hábito, a recapitulação num conceito de uma série infinita de condições que dá vez a uma noção racionalmente clara, embora impossível de exemplificar; em vez disso, corresponde a uma nuvem de sentido, cujo início reside numa forma proposta pela imaginação que também provê sua expansão.

Organização noético-noemática. Em sua obra *Idées diretrices pour une phénoménologie*[2], Husserl descreve a maneira como nos relacionamos com objetos sensíveis externos. São-nos dados em esboços, numa multiplicidade de vividos, cada um apresentando a coisa por determinado ângulo, sob determinada luz, com determinadas colorações, etc. Cada esboço corresponde à presença em nosso interior do que se pode chamar de aspecto da coisa. Contudo, a simples adição desses esboços não nos dá ainda a coisa; é preciso, além disso, determinada maneira de assumi-los e de animar em nós sua

---

2. Cf. Edmund Husserl, *Idées diretrices pour une phénoménologie*, op. cit., p. 300-34. [Tít. orig.: *Ideen zu einer reinen Phänomena logischen Philosophie*.]

pluralidade, harmonizando-os e colando-os novamente, de forma a acrescentar a todos esses esboços o sentido de apresentações de uma única e mesma coisa. Husserl chama de *noética* a atividade de assunção, animação, harmonização, doação de sentido. Dessa atividade noética resulta a coisa enquanto conteúdo visado por nós, a coisa enquanto encenação em nosso interior, quer ela "exista" além de nós ou não: Husserl chama de *noeme* essa espécie de conteúdo, esse duplo interior da coisa no sentido ordinário. O caso fundamental do *noeme* é o *percebido como tal*: correspondendo a essa árvore que se mantém diante de mim no jardim, de acordo com o que penso na atitude natural, o *noeme* é "essa árvore percebida como tal", a projeção íntima em mim e por mim do que usualmente julgo estar plantado no jardim, fora de mim. Segundo Husserl, todo objeto externo é dado em nós originariamente por meio dessa organização noético--noemática: como *noeme* correlato da atividade noética.

Pragmatismo. De acordo com a etimologia grega, o adjetivo deve essencialmente querer dizer "relacionado à ação". Tem-se o hábito de designar desse modo um ponto de vista de teoria da linguagem. Na tripartição proposta por Morris e Carnap, a linguagem pode ser concebida de um ponto de vista *semântico* (estuda-se como se relaciona ao mundo, designando os objetos deste), de um ponto de vista *sintático* (estudam-se as regras de associação das unidades linguísticas, com vistas à formação de sequências corretas, chamadas de expressões linguísticas) e de um ponto de vista *pragmático* (estuda-se a linguagem do ponto de vista das relações das expressões linguísticas com a situação em que são emitidas e do modo como participam da modificação prática dessa situação). Uma contribuição essencial para o ponto de vista pragmático foi a revelação, por Austin, do que chama de *atos* *de linguagem*: ações cuja realização é imanente ao emprego da linguagem, como a da emissão de uma promessa. Segundo Austin, todo enunciado deve, no final das contas, ser concebido como efetuando um ato pelo simples fato de sua emissão: a força ilocutória dos enunciados é a de produzir acontecimento entre os homens por meio de tais atos de linguagem.

Significante. Em Saussure, o *significante* é a *imagem acústica* que corresponde em nossa psicologia à efetivação sonora de um signo linguístico. Forma uma unidade inseparável com a outra face do signo, o *conceito* ou o *significado*, o pedaço de sentido veiculado pelo signo. Se tomarmos o exemplo do signo /árvore/, seu significante é o programa psíquico em nós do desdobramento sonoro "árvore" e seu significado é o sentido da palavra "árvore" no sistema da língua, indo muito além da simples designação dos exemplares de árvores nos jardins ou nas florestas. Lacan retoma e desloca o conceito de significante. Ele mantém a ideia saussuriana de que os significantes formam um sistema e que cada um possui um valor ligado a seu pertencimento à rede e a suas diferenças opositivas em relação a cada um dos significantes da rede (a identidade do significante *sala* é expressa especialmente em sua distinção para com o significante *bala*). Mas acrescenta uma ideia mais propriamente inspirada pela cura analítica, segundo a qual cada significante representa um sujeito para outro significante: alguns significantes são um ponto de cristalização para um "sujeito do desejo", que no fundo não tem outro *status* senão o de ser evocado por um significante num lugar da rede dos significantes pertinentes, ao sabor de uma encenação que já remete a outro lugar da mesma rede, a outro significante.

Sincrônico. Em linguística saussuriana, opõe-se, por um lado, o ponto de vista *sincrônico*, que estuda o sistema da língua em sua estabilidade provisória, num lugar durante certa época, fazendo de conta que a lei que rege a prática linguística associada a esse sistema era abstrata e intemporal; e, por outro, o ponto de vista *diacrônico*, que estuda o deslizamento e a alteração no tempo de todas as determinações de tal sistema (descrevendo as mutações da convenção ou do valor linguísticos).

Alguns autores citados

AUSTIN, John L. (1911-1960). Filósofo inglês, que foi professor em Oxford. Geralmente designado como o pai da corrente da "filosofia da linguagem ordinária" no seio da filosofia analítica. Célebre principalmente por sua noção dos enunciados performativos e, mais geralmente, por seu conceito de *ato de linguagem* (*speech act*), também tratou do problema da ilusão perceptiva e dos *sense data*. Entre suas obras: *How to Do Things with Words*, Cambridge, MA, Harvard University Press, 1975, e *Sentido e percepção*, São Paulo, Martins Fontes, 2004.

BROUWER, Luitzen Egbertus Jan (1881-1966). Matemático holandês, que foi professor na Universidade de Amsterdã. Contribuiu de maneira notória para o desenvolvimento da topologia algébrica. Propôs uma concepção original das matemáticas e de seu fundamento, denominada *intuicionismo*, que se opunha ao *formalismo* defendido por David Hilbert. Embora o ponto de vista de Hilbert tenha prevalecido, as ideias de Brouwer continuam a exercer influência e a resultar em trabalhos de lógica, informática e matemáticas. Alguns artigos famosos de Brouwer, traduzidos para o francês, comparecem na coletânea *Intuitionisme et théorie de la démonstration*, org. J. Largeault, Paris, Vrin, 1992.

BUTLER, Judith (nascida em 1956). Filósofa política americana, professora em Berkeley. Trabalha especialmente com as questões de gênero, de sexualidade e de linguagem. Leitora autorizada de alguns autores da filosofia francesa contemporânea, como Derrida e Foucault. Entre suas obras traduzidas para o francês, estão: *La Vie psychique du pouvoir: l'assujetissement en théories*, Paris, Leo Scheer, 2002; *Troubles dans le genre: pour un féminisme de la subversion*, Paris, La Découverte, 2005 [ed. bras.: *Problemas de gênero: feminismo e subversão da identidade*, Rio de Janeiro, Civilização Brasileira, 2003].

CAVAILLÈS, Jean (1903-1944). Filósofo das matemáticas francês, que ilustrou o gênero em questão antes da Segunda Guerra Mundial. Jean Cavalliès foi professor-preparador dos estudantes da Escola Normal para a *agrégation* de filosofia na rua d'Ulm, deixando uma marca profunda na filosofia francesa, a despeito de um destino trágico que não lhe permitiu deixar a vasta obra esperada (foi capturado e morto pelos nazistas, que combatia como resistente). Em sua obra póstuma *Sur la logique et la théorie de la science*, Paris, PUF, 1947, faz um veemente apelo em favor de uma "filosofia do conceito", deixando dessa forma uma palavra de ordem, a que membros das gerações seguintes se aliarão. Além da obra póstuma, pode-se citar como contribuição importante de Cavaillès suas duas teses: *Méthode axiomatique et formalisme*, Paris, Hermann, 1938 e *Remarques sur la formation de la théorie abstraite des ensembles*, Paris, Hermann, 1938.

FRANCK, Didier (nascido em 1947). Filósofo francês, professor na Universidade Paris Oeste, Nanterre, especialista de fenomenologia alemã (Husserl, Heidegger), de fenomenologia francesa (Lévinas, Henry) e de Nietzsche. Seus primeiros trabalhos são evocados por Deleuze em *O que é a filosofia?* e por Derrida em *Le Toucher: Jean-Luc Nancy*. Obras recentes: *Heidegger et le christianisme*, Paris, PUF, 2004, *L'Un pour l'autre: Lévinas et la signification*, Paris, PUF, 2007.

HABERMAS, Jürgen (nascido em 1929). Filósofo alemão, continuador contemporâneo da corrente crítica batizada como "Escola de Frankfurt". Professor em Frankfurt, de 1964 a 1971, em seguida codiretor do Instituto Max-Planck de Starnberg. Reformulou o pensamento da emancipação e da crítica do capitalismo nos termos de uma filosofia da linguagem, especialmente em sua obra principal *Teoria do agir comunicativo*, São Paulo, WMF Martins Fontes, 2012. Também participou da elaboração de uma consciência filosófica alemã depois do nazismo e da exterminação, ou avaliando o compromisso nazista de Heidegger. Sua perspectiva da discussão e da construção processual das normas intervém no debate da filosofia política contemporânea, ao lado das de Rawls, Taylor e Walzer. Entre suas obras traduzidas para o francês, estão: *La Pensée postmétaphysique: essais philosophiques*, Paris, Armand Colin, 1993; *Morale et communication: conscience morale et activite communicationnelle*, Paris, Cerf, 1986.

HONNETH, Axel (nascido em 1949). O derradeiro mestre da Escola de Frankfurt, depois de Habermas. Diretor do Instituto de Pesquisa Social em Frankfurt. Indo na contracorrente de Habermas, buscou expressar a denúncia das patologias políticas da sociedade contemporânea não mais em termos linguísticos: com referência à noção antropológica de reconhecimento, retomando certas percepções hegelianas. Entre suas obras, estão: *Luta por reconhecimento*, São Paulo, Editora 34, 2003, e *La Société du mépris*, Paris, La Découverte, 2006.

KRAVCHENKO, Victor (1905-1966). Antigo militante comunista revolucionário russo, que obteve asilo político nos Estados Unidos em 1943. Publicou em 1945 um livro denunciando a crueldade e o horror do sistema comunista. Na sequência da publicação da tradução francesa desse livro, em 1947, Victor Kravchenko foi violentamente denegrido e difamado pela revista cultural *Les Lettres Françaises*, ligada ao Partido Comunista. Concluído em 1949, o processo, no qual Kravchenko teve ganho de causa, foi uma das primeiras grandes ocasiões de debate na França sobre a realidade do regime proveniente da esperança marxista. Deixou vestígios mesmo entre os que permaneceram firmemente ligados ao emblema da URSS.

LACOUE-LABARTHE, Philippe (1940-2007). Filósofo francês, companheiro intelectual de Jean-Luc Nancy, e que foi, junto com este, professor na Universidade de Estrasburgo. Interlocutor e comentador de Derrida, também frequentou Jean-François Lyotard, que encontrou no contexto do grupo Socialismo ou Barbárie. Refletiu profundamente sobre o vínculo de Heidegger com o nazismo. Entre suas obras, estão: *L'Absolu littéraire: théorie de la littérature du romantisme allemand*, com Jean-Luc Nancy, Paris, Seuil, 1978, e *Heidegger: la politique du poème*, Paris, Galilée, 2002.

MERLEAU-PONTY, Maurice (1908-1961). Filósofo francês, um dos três nascidos no início do século XX, que fecundaram e relançaram a fenomenologia em língua francesa (com Lévinas e Sartre). Propôs uma visão da experiência humana a partir da inserção viva do corpo no mundo. Suas análises renovaram, a um só tempo, a concepção da percepção (sobre a qual por vezes ele refletia quase como as ciências cognitivas contemporâneas) e a concepção da significação linguística (insistia nos gestos de invenção expressiva). Camarada de divulgação de Jean-Paul Sartre e fundador com ele da revista *Les Temps Modernes*, foi, ademais, um protagonista da aventura marxizante da filosofia francesa, embora tenha tentado se manter mais lúcido do que outros. Suas duas obras mais célebres são *Fenomenologia da percepção*, 4ª ed., São Paulo, WMF Martins Fontes, 2011, e o livro póstumo *O visível e o invisível*, São Paulo, Perspectiva, 2012.

NANCY, Jean-Luc (nascido em 1940). Filósofo francês, companheiro intelectual de Philippe Lacoue-Labarthe e seu colega na Universidade Marc Bloch, de Estrasburgo, durante muitos anos. Próximo de Derrida, que lhe consagrou um livro (*Le Toucher: Jean-Luc Nancy*). É especialmente conhecido por ter elaborado a questão política de maneira recente e pelo interesse um tanto excepcional que dá à questão do sentido. Entre suas obras, estão: *L'Impératif catégorique*, Paris, Flammarion, 1983, *La Communauté désouvrée*, Paris, Christian Bourgois, 1986, e *Le Sens du monde*, Paris, Galilée, 1992.

PEIRCE, Charles Sanders (1839-1914). Filósofo americano, autor de uma das obras mais originais da contemporaneidade. Seu ponto de vista é, se se quiser, a um só tempo, o de uma filosofia da linguagem (no caso, de uma semiótica), o de uma fenomenologia ou de um existencialismo, o de uma metafísica de tipo hegeliano e o de uma filosofia pragmática (pode ser visto como uma figura do pragmatismo americano). Notar-se-á que merece ser visto como um dos pais fundadores da lógica dos predicados de hoje, ao lado de Frege: propôs uma famosa notação diagramática dela. Os escritos que deixou têm voluntariamente, à primeira vista, a forma dispersa de uma série de notas ou observações. Entre as obras traduzidas para o francês, estão: *Ecrits sur le signe*, Paris, Seuil, 1978, *Textes fondamentaux de sémiotique*, Paris, Méridiens-Klincksieck, 1987.

RAWLS, John (1921-2002). Filósofo americano, que ensinou em Harvard. Autor de referência para toda a filosofia política contemporânea, com sua célebre *Teoria da justiça*. Se, por um lado, formulou filosoficamente teses do que se poderia chamar de liberalismo no sentido americano, numa dissertação e por meio de uma argumentação de tipo analítico, em contrapartida, mostrou que tal reflexão imbuída de clareza e racionalidade podia mobilizar a memória europeia, visto que, em seu procedimento, é, por exemplo, um leitor atento de Rousseau e de Kant. Entre as obras traduzidas para o francês, estão: *Théorie de la justice*, Paris, Le Seuil, 1987 [ed. bras.: *Uma teoria da justiça*, 3ª ed., São Paulo, Martins Fontes, 2008], e *Leçons sur l'histoire de la philosophie morale*, Paris, La Découverte, 2002.

SEARLE, John Rogers (nascido em 1932). Filósofo americano, que foi professor na Universidade da Califórnia, em Berkeley. Conhecido por sua retomada do projeto austiniano de um estudo sistemático dos atos de linguagem, em seguida por sua participação no debate da filosofia analítica com a fenomenologia (em cujo âmbito talvez se deva situar sua confrontação com Derrida, evocada neste livro) e, enfim, por suas tomadas de posição em relação ao problema da naturalização cognitiva da intencionalidade e da consciência. Entre as obras traduzidas para o francês, estão: *Les Actes de langage*, Paris,

Hermann, 1972, e *Le Mystère de la conscience*, Paris, Odile Jacob, 1999.

TAYLOR, Charles Margrave (nascido em 1931). Filósofo canadense, professor na Universidade McGill, em Montreal. Seu trabalho, por um lado, se desenvolve como filosofia da linguagem e como filosofia geral, conjugando referências analíticas e referências continentais (Hegel e Heidegger ou Merleau-Ponty ao lado de Austin e Wittgenstein). Por outro lado, é um trabalho de filosofia moral e política, para o qual as noções de comunidade e de reconhecimento são centrais. Entre as obras traduzidas para o francês, estão: *Les Sources du moi: la formation de l'identité moderne*, Paris, Seuil, 1998 [ed. bras.: *As fontes do self: a construção da identidade moderna*], e *Multiculturalisme, différence et démocratie*, Paris, Aubier, 1994.

WALZER, Michael (nascido em 1935). Filósofo político americano, professor no Institute for Advanced Studies, em Princeton. Muitas vezes representado como portador de uma concepção "intermediária" entre a de Rawls e a de Taylor. Deve-se-lhe especialmente uma nova definição do desafio político da igualdade. É também famoso por sua maneira de apresentar a experiência excepcional do povo judeu, em termos que fazem sentido para o universalismo intelectual contemporâneo. Entre as obras publicadas: *Spheres of Justice*, Nova York, Basic Books, 1984, e *Exodus and Revolution*, Nova York, Basic Books, 1985.

Bibliografia

Entre os livros de Derrida

Adieu à Emmanuel Lévinas. Paris: Galilée, 1997.

Apories. Paris: Galilée, 1996.

Chaque fois unique, la fin du monde. Paris: Galilée, 2003.

Cosmopolites de tous les pays encore un effort. Paris: Galilée, 1997.

De l'Esprit: Heidegger et la question. Paris: Galilée, 1987.

De la grammatologie. Paris: Minuit, 1967.

Demeure. Paris: Galilée, 1998.

Donner le temps: 1. La Fausse monnaie. Paris: Galilée, 1991.

Du Droit à la philosophie. Paris: Galilée, 1990.

Éperons: les styles de Nietzsche. Paris: Flammarion, 1978.

Foi et savoir. Paris: Seuil, 2001.

Glas. Paris: Galilée, 1974.

L'Animal que donc je suis. Paris: Galilée, 2006.

L'Écriture et la différence. Paris: Seuil, 1967.

La Carte postale: de Socrates à Freud et au-delà. Paris: Flammarion, 1980.

La Dissémination. Paris: Seuil, 1972.

La Vérité en peinture. Paris: Flammarion, 1978.

La Voix et le phénomène: introduction au problème du signe dans la phénoménologie de Husserl. Paris: PUF, 1967.

Le Monolinguisme de l'autre. Paris: Galilée, 1996.

Le Problème de la génèse dans la philosophie de Husserl. Paris: PUF, 1990.

Marges: de la philosophie. Paris: Minuit, 1972.

Politiques de l'amitié: seguido de *L'Oreille de Heidegger*. Paris: Galilée, 1994.

Psyché: inventions de l'autre. Paris: Galilée, 1987 c. [Nova edição aumentada, 1998.]

Spectres de Marx: l'État de la dette, le travail du deuil et la nouvelle Internationale. Paris: Galilée, 1993.

Voyous: deux essais sur la raison. Paris: Galilée, 2003.

Traduções brasileiras de Derrida

A escritura e a diferença. Trad. Maria Beatriz M. Nizza da Silva; rev. Mary A. L. de Barros. São Paulo: Perspectiva, 1971. [DERRIDA, Jacques. *A escritura e a diferença*, 4ª ed. rev. e ampl. Trad. Maria Beatriz Nizza da Silva, Pedro Leite Lopes e Pérola de Carvalho. São Paulo, Perspectiva, 2011.]

A farmácia de Platão. Trad. Rogério da Costa. São Paulo: Iluminuras, 1991a.

A universidade sem condição. Trad. Evando Nascimento. São Paulo: Estação Liberdade, 2003.

A voz e o fenômeno: introdução ao problema do signo na fenomenologia de Husserl. Trad. Lucy Magalhães. Rio de Janeiro: Zahar, 1994b.

Adeus: a Emmanuel Lévinas. Trad. Fábio Landa. São Paulo: Perspectiva, 2008.

Autoimunidades, suicídios reais e simbólicos. In: _____; HABERMAS, Jürgen. *Filosofia em tempos de terror*:

diálogos com Giovanna Borradori. Trad. Roberto Muggiati. Rio de Janeiro: Zahar, 2004.

Circonfissão. In: _____; BENNINGTON, Geoffrey. *Jacques Derrida*. Trad. Anamaria Skinner; rev. técn. Márcio Gonçalves e Caio Mário Ribeiro de Meira. Rio de Janeiro: Zahar, 1996. p. 11-218.

Da hospitalidade. Trad. Antonio Romane; rev. técn. Paulo Ottoni. São Paulo: Escuta, 2003.

De que amanhã... Trad. André Telles; rev. técn. Antonio Carlos dos Santos. Rio de Janeiro: Zahar, 2004. (Com Elisabeth Roudinesco.)

Do espírito: Heidegger e a questão. Trad. Constança Marcondes César. Campinas: Papirus, 1990.

Enlouquecer o subjétil. Trad. Geraldo Gerson de Souza; rev. técn. Anamaria Skinner. São Paulo: Ateliê/Editora Unesp/Imprensa Oficial, 1998.

Espectros de Marx: o Estado da dívida, o trabalho e a Nova Internacional. Trad. Anamaria Skinner. Rio de Janeiro: Relume-Dumará, 1994a.

Estados de alma da psicanálise. Trad. Antonio Romane e Isabel Kahn Marin. São Paulo: Escuta, 2001.

Fé e saber. Trad. Guilherme João de Freitas Teixeira. In: _____; VATTIMO, Gianni (Org.). *A religião*. Vários tradutores. São Paulo: Estação Liberdade, 2000. p. 11-89.

Força de lei: o "fundamento místico da autoridade". Trad. Leyla Perrone-Moisés. São Paulo: Martins Fontes, 2007.

Gêneses, genealogias, gêneros e o gênio. Trad. Eliane Lisboa. Porto Alegre: Sulina, 2005.

Gramatologia. Trad. Miriam Schnaiderman e Renato Janine Ribeiro. São Paulo: Perspectiva, 1973a.

Khôra: ensaio sobre o nome. Trad. Nícia Adan Bonatti. Campinas: Papirus, 1995a.

Limited Inc. Trad. Constança Marcondes César. Campinas: Papirus, 1991b.

Mal de arquivo: uma impressão freudiana. Trad. Cláudia de Moraes Rego. Rio de Janeiro: Relume-Dumará, 2001.

Margens: da filosofia. Trad. Joaquim Torres Costa e Antônio Magalhães. Campinas: Papirus, 1991c.

O animal que logo sou. Trad. Fábio Landa. São Paulo: Editora Unesp, 2002.

O cartão-postal: de Sócrates a Freud e além. Trad. Simone Perelson e Ana Valéria Lessa. Rio de Janeiro: Civilização Brasileira, 2007.

O olho da universidade. Trad. Ricardo Iuri Canko e Ignacio Antonio Neis. Introd. Michel Peterson. São Paulo: Estação Liberdade, 1999.

Paixões: ensaio sobre o nome. Trad. Lóris Machad. Campinas: Papirus, 1995b.

Papel-máquina. Trad. Evando Nascimento. São Paulo: Estação Liberdade, 2004.

Posições. Trad. Tomaz Tadeu da Silva. Belo Horizonte: Autêntica, 2001.

Salvo o nome: (*post-scriptum*): ensaio sobre o nome. Trad. Nícia Adan Bonatti. Campinas: Papirus, 1995c.

Torres de Babel. Trad. Junia Barreto. Belo Horizonte: Editora UFMG, 2002.

Entre os escritos sobre Derrida

CRÉPON, Marc e LAUNAY, Marc de (Org.). *La Philosophie au risque de la promesse*. Paris: Bayard, 2004.

_____ e WORMS, Frédéric (Org.). *La Tradition de la philosophie*. Paris: Galilée, 2008.

DEKENS, Olivier. *Derrida Pas à Pas*. Paris: Ellipses, 2008.

GOLDSCHMIDT, Marc. *Jacques Derrida*: une introduction. Paris: Pocket la Découverte, 2003.

LAWLOR, Leonard. *Derrida and Husserl*. Bloomington: Indiana University Press, 2002.

RAMOND, Charles (Org.). *Derrida*: la déconstruction. Paris: PUF, 2005.

ROGOZINSKI, Jacob. *Faire part cryptes de Derrida*. Paris: Lignes, 2005.

Rue Descartes, n. 48, *Salut à Jacques Derrida*. Paris: PUF, 2005.

Escritos sobre Derrida no Brasil

NASCIMENTO, Evando. (Org.). *Jacques Derrida*: pensar a desconstrução. São Paulo: Estação Liberdade, 2005.

NASCIMENTO, Evando. *Derrida e a literatura*: "notas" de literatura e filosofia nos textos da desconstrução. Niteroi: EdUFF, 1999. [2ª ed., 2001.]

NASCIMENTO, Evando. *Derrida*. Rio de Janeiro: Zahar, 2004.

ESTE LIVRO FOI COMPOSTO EM SABON
CORPO 10,7 POR 13,5 E IMPRESSO SOBRE
PAPEL OFF-SET 75 g/m² NAS OFICINAS DA
ASSAHI GRÁFICA, SÃO BERNARDO DO
CAMPO-SP, EM NOVEMBRO DE 2015